무릎으로 드리는
가족축복기도문

구유선

작가이기 보다 문서사역자이기를 원하는 구유선 작가는 『자녀의 인생을 형통하게 하는 자녀축복기도문』(청우 刊)의 저자로 잘 알려져 있다. 숭의여자대학 문예창작과와 숭실대학교 대학원에서 국어국문학을 전공했다.
그 동안 『창작동화와 함께 읽는 예쁜 이야기 시편』(모퉁이돌 刊), 조지 카버 박사 평전 『아주 특별한 땅콩이야기』(청우 刊), 성품동화 『선생님, 저를 사랑하세요? 거짓말』(몽당연필 刊) 등을 펴냈다.
작가논술교육학원을 통해 논술을 지도하고 기독교 세계관을 전하면서 아이들을 섬기고 있다. 현재는 작가논술교육신문을 발간하고 있으며, 중보기도 사역을 비전으로 삼아 신학대학원에서 신학을 전공하는 남편과 함께 수원에서 제일좋은교회를 섬기고 있다.

무릎으로 드리는
가족축복기도문

2011년 02월 01일 초판 1쇄 발행
2023년 09월 15일 초판 9쇄 인쇄

지 은 이 | 구유선
펴 낸 이 | 황성연
펴 낸 곳 | 도서출판 청우
등록번호 | 제 2001-000055호
주 문 처 | 하늘물류센타
주   소 | 경기도 파주시 광탄면 혜음로 883번길 39-32
연 락 처 | (031)-947-7777 | 팩스 (0505)-365-0691
ISBN 978-89-94846-00-2 03230

이책은 저작권법에 의해 보호를 받는 저작물이므로 무단전재 및 복제를 금합니다. 잘못 만들어진 책은 구입하신 서점에서 바꾸어 드립니다.

책 값은 뒤표지에 있습니다

무·릎·으·로·드·리·는

가족축복 기도문

| 구유선 지음 |

청우

서문

큰 기쁨
에덴의 시작은 가정

 가족 기도문 편집이 다 되었으니 저자 서문을 써달라는 요청 받은 지가 몇 개월이 넘어가는데도 '서문'을 쓸 수 없었던 것은, 가족 기도문을 쓴 제가 어린 시절 역기능 가정 속에 살아왔고, 현재도 그 역기능 가정의 현장 속에서 살아가고 있기 때문에 이 서문을 쓰기가 어려웠나 봅니다.

 사실 가장 따뜻하게 마음을 주고 받고 깊은 소통을 나누며 하나로 연합해야하는 곳이 가정이며, 가정 안에 가족입니다. 하나님이 우리에게 가정을 주시며, 그 속에 가족을 주신 까닭은 에덴(큰 기쁨) 동산(울타리)의 의미처럼 그 속에서 큰 기쁨을 충만히 받아 누리라는 의미입니다.

그리고 에덴의 강물들이 흘러넘쳐 세상으로 뻗어나가듯 큰 기쁨을 이웃들에게 전하며 함께 평안과 기쁨을 누려 갈 때 우리는 비로소 참다운 가족이라 말할 수 있습니다.

그런데 오늘날 가족은 분리되어 있습니다. 남편과 아내가, 부모와 자식이, 형제와 형제가, 시어머니와 며느리가, 장모와 사위가 분리되어 있습니다. 이야말로 역기능 가정입니다. 물신주의로 인한 비교의식과 경쟁 그 속에 시기질투가 난무하는 가정 속에 살아간다는 것은 날마다 싸움과 전쟁일 뿐, 하나님의 나라는 어디에서도 발견할 수 없습니다.

이렇듯 분리된 가정 속에서 살아온 가족들은 세상에 나가 새로운 가족을 찾아 떠돌아다니며 유리할 뿐입니다. 분리시키고 유리방황하도록 만드는 것은 사단마귀임을 우리는 확신해야 할 것입니다. 게다가 이 모든 불행을 막기 위해 우리가 해야 할 일은 예수 그리스도를 영접하고 회개하며, 은혜를 덧입고 기도로 예수님의 이름으로 사단의 권세를 물리치고 주님의 승리 안에서 평안을 결단해야만 합니다.
　그렇지 않으면 우리는 언제나 세상의 사단의 권세에 휩쓸려 하나님이 주신 가정 하나를 지키지 못하고 살아갈 뿐입니다.

역기능 가정에서 살아온 제가 가족을 위한 축복기도문을 쓸 수 있었던 힘은, 바로 용서와 회복을 원하시고 사랑과 평안을 원하시는 예수님 때문이었습니다. 가족의 해체는 엄청난 고통을 안겨다 줍니다. 이런 가운데서도 저를 지켜주시고 회복시켜주신 분은 예수님이셨습니다. 항상 기도하면서 예수님과 동행하는 삶은 언제나 은밀하고도 큰 기쁨이 있음을 전하고 싶습니다.

이 기도문을 읽는 모든 분들에게 기쁨의 향기가 충만하여서 가족이 하나로 연합되는 에덴의 역사를 이루시길 주님의 이름으로 축복합니다.

수원에서 구 유 선

목차

서문… 4

Chapter 1
사랑으로 하나 된 온 가족 연합기도문

십자가의 도가 능력임을 믿는 가족이 되게 하옵소서 • 16
서로의 차이를 인정하여 사랑으로 품는 가족이 되게 하옵소서 • 18
풍요의 가족이 되게 하옵소서 • 20
아름다운 말씨로 서로를 칭찬하는 가족이 되게 하옵소서 • 22
범사에 감사가 넘치는 가족이 되게 하옵소서 • 24
날마다 말씀을 묵상하는 가족이 되게 하옵소서 • 26
부르심의 사명을 아는 가족이 되게 하옵소서 • 28
긍정으로 회복을 누리는 가족이 되게 하옵소서 • 30

Chapter 2
영성 회복과 사랑으로 하나 된 부부를 위한 기도문

믿음을 회복해 가는 부부 되게 하옵소서 • 34
부부 인생에 주님이 주인 되어 주옵소서 • 36
온유한 부부가 되게 하옵소서 • 38
물질의 자유함을 누리는 부부가 되게 하옵소서 • 40
자식을 사랑하고 부모를 공경하는 부부이게 하옵소서 • 42
연약함을 서로에게 고백하는 마음이 가난한 부부 되게 하옵소서 • 44
유머가 넘쳐 서로를 즐겁게 하는 부부 되게 하옵소서 • 46
영육이 강건한 부부 되게 하옵소서 • 48
아름다운 성(性)생활을 이루어 가는 부부 되게 하옵소서 • 50
믿음의 가문을 만드는 데 앞장서는 부부가 되게 하옵소서 • 52
미래를 준비하는 지혜로운 부부 되게 하옵소서 • 54
서로의 완고함을 버리고 순종하는 부부가 되게 하옵소서 • 56

Chapter 3
영생의 삶으로 인도하는 자식들의 부모님을 위한 기도문

은사를 체험하게 하옵소서 • 62
강건의 축복을 더하옵소서 • 64
평강 속에 거하여 장수의 복을 주옵소서 • 66
망령을 벗어나 생령의 삶을 살게 하옵소서 • 68
손자 손녀와 깊은 소통을 나누게 하옵소서 • 70
젊은이들에게 가르치는 자가 되게 하옵소서 • 72

Chapter 4
소명과 사명의 삶을 위한 온가족 직장 생활을 위한 기도문

직장 안에서 하나님의 살아계심을 날마다 경험하는
산 증인이 되게 하옵소서 • 76
책임과 의무를 성실히 수행하게 하옵소서 • 78
직장 안에서 비전을 이루게 하옵소서 • 80
직장을 통해 영육의 강건해 짐을 감사하게 하옵소서 • 82
다스림의 권세를 허락하옵소서 • 84

Chapter 5
영육의 강건함을 위한 온 가족 치유기도문

악한 영이 유전되지 않게 하옵소서 • 90
피해의식을 끊게 하옵소서 • 92
과소비를 끊게 하옵소서 • 94
게임 중독을 끊게 하옵소서 • 96
게으름을 끊게 하옵소서 • 98
완고한 고집을 끊게 하옵소서 • 100
미혹의 영을 끊게 하옵소서 • 102
무기력을 끊게 하옵소서 • 104
무능력을 끊게 하옵소서 • 106
의심을 끊게 하옵소서 • 108
지나친 권위를 끊게 하옵소서 • 110
자기 허위를 끊게 하옵소서 • 112
담배를 끊게 하옵소서 • 114
마마보이와 마마걸 기질을 끊게 하옵소서 • 116
우울함을 끊게 하옵소서 • 118

Chapter 6
진실한 사랑이 넘치는 형제를 위한 기도문

형제지간의 우애가 넘쳐나게 하소서 • 122
형, 누나, 언니의 권위를 인정하게 하옵소서 • 124
동생들에게 책임을 다하고 사랑을 전하는 자 되게 하옵소서 • 126
가족의 긍지를 갖게 하옵소서 • 128
형제자매의 결혼생활을 축복해 주옵소서 • 130
서로의 죄를 내려 놓고 회개하는 형제가 되게 하옵소서 • 132
평화로운 형제가 되게 하옵소서 • 134
형제를 돌보며 배려하게 하옵소서 • 136

Chapter 7
나를 내려놓는 회개기도문

무능력하다 무시했던 것을 용서해 주옵소서 • 142
마음의 욕설을 품고 내뱉었던 죄를 용서하여 주옵소서 • 144
대화를 거부했던 제 안의 이기심을 용서해 주옵소서 • 146
이중적으로 행동했던 죄를 용서하여 주옵소시 • 148
부모를 공경하지 않은 저의 교만한 죄를 용서하여 주옵소서 • 150
완악한 고집을 용서하여 주옵소서 • 152
허위와 거짓된 죄를 용서하여 주옵소서 • 154
무분별한 체벌을 행했던 것을 용서하여 주옵소서 • 156
자녀들을 화합시키지 못했던 죄를 용서하여 주옵소서 • 158

여호와는 나의 목자시니 내게 부족함이 없으리로다
그가 나를 푸른 풀밭에 누이시며
쉴 만한 물 가로 인도하시는도다
내 영혼을 소생시키시고 자기 이름을 위하여
의의 길로 인도하시는도다
내가 사망의 음침한 골짜기로 다닐지라도
해를 두려워하지 않을 것은
주께서 나와 함께 하심이라
주의 지팡이와 막대기가 나를 안위하시니이다
주께서 내 원수의 목전에서 내게 상을 차려 주시고
기름을 내 머리에 부으셨으니 내 잔이 넘치나이다
내 평생에 선하심과 인자하심이 반드시 나를 따르리니
내가 여호와의 집에 영원히 살리로다

(시 23:1~6)

Chapter 1
사랑으로 하나 된 온 가족 연합기도문

이글루

　사랑을 포기하지 않는 한, 세상은 거대한 하나의 따뜻한 이글루와도 같다. 그리고 나는 그 이글루 안에서 지금껏 살아가고 있다. 종종 폭설 같은 예고 없는 시련이 닥쳐올 때마다 나는 이글루를 짓고 또 지어 시련 속을 따뜻하게 파고들었다. 그리고 그 안에 내 사랑이 아름답게 세 들어 살게 하고자 노력했다.

– 오영진의 《사랑하니까 사람이다》 중에서 –

이글루 아시지요? 에스키모인들이 얼음으로 지은 집입니다. 벽은 온통 하얀 얼음이지만 그 안으로 들어가면 너무도 따뜻해서 갓난아이도 자랄 수 있다고 합니다. 우리 가슴 안에도 이글루가 필요합니다. 세상이 아무리 춥고 메말라도 가슴 안에는 늘 따뜻함을 유지할 수 있는 공간이 꼭 있어야 합니다.

― 고도원의 아침편지

십자가의 도가 능력임을 믿는 가족이 되게 하옵소서

사랑의 주님,

십자가의 사랑으로 저희 가속을 구원해 주시고, 그 사랑으로 저희가 매순간 은혜 속에 살아감을 고백하며 감사와 찬송을 올려드립니다. 그럼에도 불구하고, 언제나 세상의 죄악에 빠져 갈 길 몰라 하는 저희 가족을 불쌍히 여겨주시옵소서.

부족한 우리 가족 한 영혼, 한 영혼이 죄인일 수밖에 없음을 인정하고 진심으로 예수님께 나아가게 하옵소서. 주님께서 십자가의 피로 우리 가족을 하나로 연합시켜 주심을 믿습니다. 지치고 고단한 생활 속에서 싸우고, 미워하고, 증오하고, 분리될 수밖에 없는 우리 가족을 화목하게 인도하시며 화평을 회복시켜 주실 줄 믿습니다.

　회복의 열매로 인해 우리 가족이 날마다 신령과 진정으로 주님을 찬양하고, 기도하며, 예배드릴 줄 믿습니다. 십자가를 통해 예수님의 사랑과 헌신과 희생의 삶을 닮아 우리 가족이 만나는 이웃들마다 섬기며 살게 하옵소서.

　사랑의 주님, 십자가의 길이 멸망하는 자들에게는 미련한 것이지만 구원 받은 우리 가족에게는 예수 그리스도, 하나님의 능력임을 주님의 이름으로 선포합니다. 우리 가족에게 십자가의 도를 깨닫는 은혜를 허락하심을 감사드리며 예수님의 이름으로 기도드립니다. 아멘.

골로새서 1:20
그의 십자가의 피로 화평을 이루사 만물 곧 땅에 있는 것들이나 하늘에 있는 것들이 그로 말미암아 자기와 화목하게 되기를 기뻐하심이라

고린도전서 1:18
십자가의 도가 멸망하는 자들에게는 미련한 것이요 구원을 받는 우리에게는 하나님의 능력이라

서로의 차이를 인정하여
사랑으로 품는 가족이 되게 하옵소서

하나님 아버지,

저희 가족을 위해 사랑의 열매를 계획하시니 감사드립니다. 불화 속에서도 참고 견디며, 매순간마다 사랑과 용서와 화해의 언어들을 주님 안에서 나누며 위로하며 격려할 날이 가까웠음을 믿습니다.

은혜의 주님, 우리 가족이 한 사람 한 사람 서로 다르게 창조되었다는 사실을, 주님의 은혜를 통해 깊이 깨닫게 하옵소서. 같은 환경, 한 부모 속에서도 주님께서 각자의 기질과 성품을 다르게 창조해 주셨음을 인정하게 하옵소서. 자신의 생각과 똑같아야만 정상적인 것처럼 보이는 저희들의 죄 된 욕망을 주님 앞에 내려놓게 하시며, 겸손하게 주님의 사랑으로 악하고 모난 가족의 성격을 품게 하옵소서.

 세상에서 묻어온 서로의 경험과 생각을 이해하게 하시며, 상처와 아픔을 보듬어 안아 격려하는 아름다움이 있게 하옵소서. 도저히 이해할 수 없고 용서할 수 없을 때 피 흘려 돌아가신 주님의 십자가를 생각하게 하옵소서.

 십자가의 사랑으로 섬기게 하시며, 먼저 용서를 청하고 언제나 화평을 이루어 사랑의 열매를 거두는 복된 가족이 되도록 축복해 주시옵소서. 예수님의 이름으로 기도드립니다. 아멘.

야고보서 3:18
화평하게 하는 자들은 화평으로 심어 의의 열매를 거두느니라

풍요의
가족이 되게 하옵소서

풍요의 근원이신 주님,

저희 가족의 영혼 속에 무엇이 결핍되었는지를 깨닫게 해주시니 감사드립니다. 저희 가족이 주님을 만나 은혜와 진리로 인해 결핍을 채우며 나아갈 줄 믿습니다.

어둠의 영으로 끝없이 부어도 채워 지지 않는 외로움과 열등감과 교만함들이 저희 가족들을 사로잡습니다. 주님, 부정적인 세계 속으로 끌고 가 부정적인 것만 보게 하는 어둠의 영들을 예수님 보혈의 피로 씻어 주시옵소서.

어둠이 더 이상 들어오지 못하도록 저희 가족 모두에게 생명의 빛으로 둘러쳐 주시옵소서. 생명의 빛으로 인해 어디를 가나 반석 위에 선 굳건한 믿음을 갖게 될 줄 믿습니다. 저희 가족들이 부정적인 상황 속에서도 긍정적인 것을 찾아 믿음으로 나아가는 삶을 살게 하옵소서.

우리 가족이 항상 사랑과 기쁨이 넘쳐나는 마음으로 인해 생명을 피워내는 풍요의 발원지가 되게 하옵소서. 세상에 지쳐 세상의 일들을 온통 부정적으로만 바라보는 안타까운 이웃을 불쌍히 여기게 하여 주옵시고, 언제나 긍정이신 그리스도의 사랑과 생명으로 품어 안아 이웃을 구원의 문 앞으로 인도하는 주님의 귀한 도구들이 될 수 있도록 우리 가족을 축복해 주시옵소서. 예수님의 이름으로 기도드립니다. 아멘.

잠언 4:23
모든 지킬 만한 것 중에 더욱 네 마음을 지키라 생명의 근원이 이에서 남이니라

아름다운 말씨로 서로를 칭찬하는 가족이 되게 하옵소서

칭찬과 격려를 아끼지 아니하시는 하나님 아버지, 악을 미워하고 사랑과 진리를 말하며 살아가도록 아름다운 입술을 주셔서 감사드립니다. 복된 입술을 주셨음에도 가장 가까운 가족들에게 비판과 비난을 쏟아내기 바쁜 저희 가족을 용서하여 주옵소서.

말 한마디에 영향력을 느끼고 깨닫게 하셔서, 말의 권위를 인정하고, 우리 가족 모두가 악한 말로 단점을 비난하기보다 언제나 선하고 아름다운 말로 서로의 단점을 보완하며 장점은 더욱 강점화 할 수 있도록 격려하게 하옵소서.

사랑의 주님.

지나친 칭찬으로 인해 자신을 과신하고 자만하고 교만해지는 어리석음을 범하지 않도록 저희 가족의 입술에 지혜를 더하여 주옵소서. 분별의 영을 주셔서, 입술을 타고 내뱉은 세상의 악독하고 죄 된 말의 권위에 상처로 눌리지 말게 하시고, 성령님께서 부어주시는 선하고 지혜로운 말로 상대의 악독을 치유하는 복된 입술의 능력을 덧입혀 주옵소서.

언제나 본질을 담은 진리를 말할 수 있도록 통찰력을 더하시며, 정직을 말하고, 지혜를 말하여 긴강히고도 사랑이 충만한 가족이 되게 하여 주옵소서. 말의 유희를 즐길 줄 아는 유머로 인해 유쾌하고 기쁨이 넘치는 가족이 될 줄 믿사오며, 예수님의 이름으로 기도드립니다. 아멘.

잠언 8:7
내 입은 진리를 말하며 내 입술은 악을 미워하느니라

잠언 23:16
만일 네 입술이 정직을 말하면 내 속이 유쾌하리라

범사에 감사가 넘치는 가족이 되게 하옵소서

우리의 필요를 눈동자같이 살피시며 채워 주시는 주님, 저희에게 자비를 베풀어 주시니 감사드립니다. 주님, 어려움이 올 때마다 주님의 사랑과 축복을 생각조차 하려 하지 않고 먼저 감사의 조건을 따지며 불평과 불만을 쏟아냈던 저희 가족의 연약함을 불쌍히 여겨주시고 용서하여 주옵소서.

저희 가족 모두가 언제 어디서나 항상 기뻐하고 쉬지 말고 기도하므로 늘 범사에 감사가 차고 넘쳐 저희 가족이 은혜로 충만해 질 줄 믿습니다.

은혜의 주님, 저희 가족이 주님이 주시는 놀라운 축복을 기대하며 범사에 무릎 꿇게 하옵소서.

자신들의 한계를 알아 그 연약함을 들고 주님 앞에 나아가 부르짖어 기도하는 자녀들이 되도록 인도하옵소서, 깊은 영안을 열어주셔서 삶의 시련 속에서도 주님의 놀라운 은혜와 축복을 바라보기 원합니다. 원망과 불평, 미움과 다툼, 미움과 교만, 혈기가 사탄 마귀가 주는 악한 것임을 깨닫고, 그것을 주님의 이름으로 끊으며, 우리 가족 모두의 영혼에 순결함과 가난함을 주셔서 은혜와 사랑을 풍성히 채워 주옵소서.

주님으로 인해 언제 어떤 환경에서도 만족하여 영적인 충만함이 넘치는 가족이 되게 하옵소서. 감사와 찬양의 지경이 넓어지므로 만나는 모든 이들에게 밝은 미소를 전하며 평안함과 생명을 전하는 주님의 가족이 될 것을 믿습니다. 예수님의 이름으로 기도합니다. 아멘.

데살로니가전서 5:18
범사에 감사하라 이는 그리스도 예수 안에서 너희를 향하신 하나님의 뜻이니라

날마다 말씀을 묵상하는 가족이 되게 하옵소서

레마로 다가오시는 주님,

우리 가족 모두 말씀을 읽으며 진리가 주는 영적인 깨달음을 알게 해주시니 감사드립니다. 주님의 말씀을 멀리하여 흐려지고만 분별력으로 인해 세상에 빠져 사는 저희 가족을 굽어 살피시며, 용서하여 주옵소서. 저희 가족 모두가 말씀을 날마다 사모하는 자들이 되기 원합니다. 말씀을 묵상하면서 하루를 열게 하시며, 하루의 생활 속에 말씀을 적용하게 하시며, 하루를 정리하게 하옵소서.

가족 모두가 묵상의 순간마다 영혼에 쌓이는 말씀 때문에 영혼이 맑아지며, 하나님 앞에 정직한 영을 덧 입는 경건의 삶을 살게 하옵소서.

지각 넘어 위에 계시는 주님, 세상 사는 지혜를 먼저 말씀 속에서 찾게 하시며 말씀이 곧 주님이심을 알아 주님과 보다 깊이 있는 대화를 나누게 하옵소서. 주님의 음성이 말씀 속에 담겨 있음을 지각하고 지각 넘어 위에 계신 하나님의 뜻도 발견하게 하옵소서. 그 무궁하신 주님의 뜻에 하나님의 놀라운 사랑과 은혜가 넘쳐 남을 믿습니다.

은혜와 사랑이 우리의 삶 속에 넘쳐 믿음으로 고백한 우리의 간구와 소원이 삶 속에 실상으로 남아 날마다 주님을 간증하고 전할 줄 믿습니다.

하나님의 살아계신 말씀이 우리 가족의 영혼과 골수를 쪼개어 살아 운동력 있게 펼쳐 나아가므로 저희 가족 모두 복음의 능력을 드러내는 증인된 삶을 살 수 있도록 우리 가족을 축복해 주시옵소서. 예수님의 이름으로 기도드립니다. 아멘.

시편 1:2
오직 여호와의 율법을 즐거워하여 그의 율법을 주야로 묵상하는도다

부르심의 사명을 아는 가족이 되게 하옵소서

우리를 빛으로 인도하시는 하나님,

저희 가족을 불러주시고 인격적으로 만나 주시니 감사드립니다. 삶의 이유와 목적을 알지 못하고 세상에 나가 방황했던 저희 가족이 주님의 긍휼을 얻을 줄 믿습니다.

주님, 저희 가족 모두가 자기 자신을 바로 알아 자신이 왜 이 세상에 태어났고, 어떻게 살아가야 하는가에 대해 분명한 가르침을 주옵소서. 가족 모두에게 마음을 크게 열어주셔서, 가족 한 사람 한 사람에게 주님께 영광 돌리는 것이 무엇인가를 깨달아, 구체적으로 펼쳐나갈 수 있도록 비전을 허락하옵소서.

특별한 은사가 있어야만 주님께 부름을 받는다는 생각에서 벗어나게 하옵소서. 주님의 열두 사도들이 모두 주님 앞에 평범한 자들이었음을 알아, 저희 가족 모두가 '부르심'의 은총과 사명을 받은 자임을 깨닫게 하옵소서.

복음'이 곧 능력임을 체험하게 하옵소서. 상처와 아픔을 간직한 어려운 이웃을 만날 때 인간적으로 다가가지 말게 하시고, 혹 피하기보다는 그 이웃들에게 영적인 도움을 줄 수 있도록 말씀으로 무장하게 하옵소서. 용기와 담대함을 주셔서 이웃들에게 하나님의 사랑을 전할 수 있게 하옵소서. 전도의 지경이 넓어져 하나님의 나라를 확장해 나아가며 그 속에서 저희 가족에게 허락하신 부르심의 은혜와 사명을 받아 누리는, 축복이 있게 하옵소서. 예수님의 이름으로 기도합니다. 아멘

> **예레미야 10:23**
> 여호와여 내가 알거니와 사람의 길이 자신에게 있지 아니하니 걸음을 지도함이 걷는 자에게 있지 아니하나이다

긍정으로 회복을 누리는 가족이 되게 하옵소서

마음의 주인이 되시는 주님,

우리 가족이 생명이시며 사랑이시고 정직이시며 겸손이신 예수님의 생각과 마음을 품게 하옵소서.

죄로 인해 어두워져 부정적인 마음이 깊이 자리 잡은 우리 가족의 상한 심령을 예수 보혈로 씻어주옵소서. 언제 어디서나 우리 가족이 생명의 근원인 마음을 지켜 부정적인 현실 속에서도 긍정의 마음을 품게 하옵소서.

긍정의 마음으로 언제나 회복과 평안을 누리는 삶을 살아가게 인도하옵소서. 우리 가족이 항상 사랑과 기쁨이 넘쳐나는 마음으로 인해 생명을 피워내는 발원지가 되게 하옵소서.

부정적인 마음을 품어 안타까운 이웃이 다가올 때 언제나 긍정이신 그리스도의 사랑과 생명으로 품어 안아 이웃조차 부정을 긍정으로, 어둠을 빛으로 바꾸어 구원의 문 앞으로 인도하는 주님의 귀한 도구들이 될 수 있도록 우리 가족을 축복해 주시옵소서.

예수님의 이름으로 기도드립니다. 아멘.

잠언 4:23
모든 지킬 만한 것 중에 더욱 네 마음을 지키라 생명의 근원이 이에서 남이니라

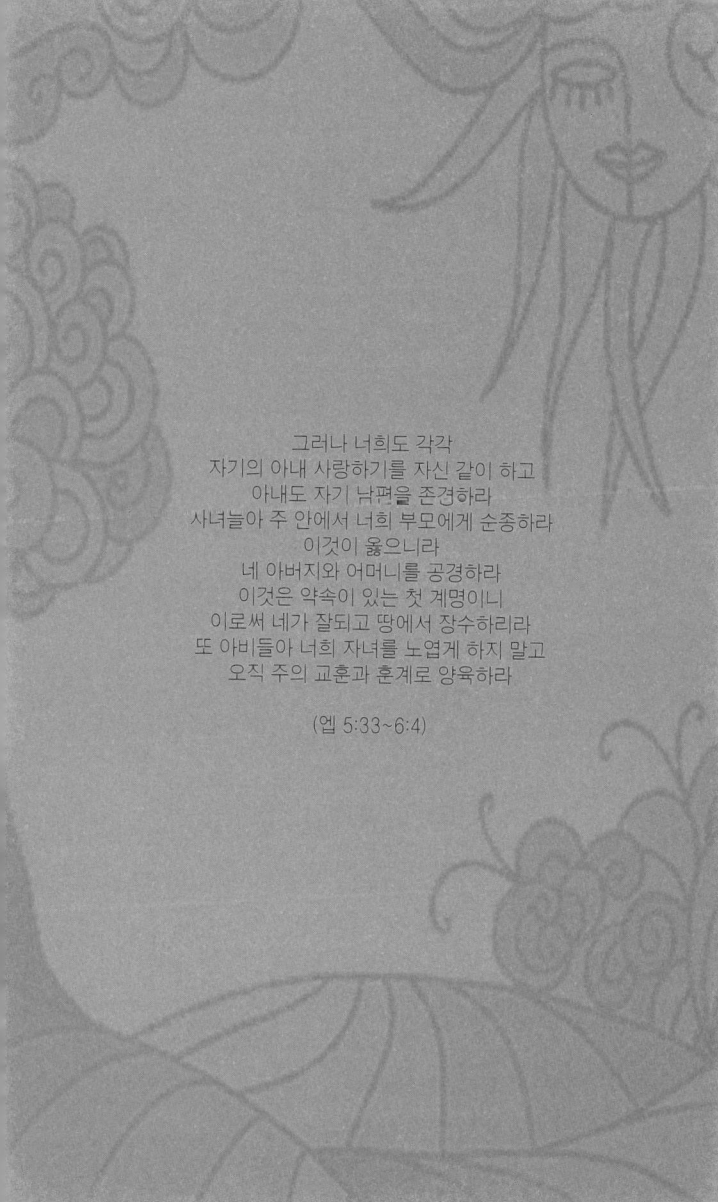

그러나 너희도 각각
자기의 아내 사랑하기를 자신 같이 하고
아내도 자기 남편을 존경하라
자녀들아 주 안에서 너희 부모에게 순종하라
이것이 옳으니라
네 아버지와 어머니를 공경하라
이것은 약속이 있는 첫 계명이니
이로써 네가 잘되고 땅에서 장수하리라
또 아비들아 너희 자녀를 노엽게 하지 말고
오직 주의 교훈과 훈계로 양육하라

(엡 5:33~6:4)

Chapter 2

영성 회복과 사랑으로 하나 된 부부를 위한 기도문

믿음을 회복해가는
부부 되게 하옵소서

하늘 영광과 주님의 살아계심을 체험하게 하신 주님, 은혜와 사랑에 감사드립니다. 오랜 믿음 생활 속에서도 교회만 왔다 갔다 하는 선데이 크리스천의 삶을 버리지 못하고 세상 사람들과 똑같게 세상에 물들며 살아온 저희 부부의 삶을 용서하여 주옵소서. 이제 주님 앞에 나아가오니 주님께서 저희 부부를 받아주시고 저희를 불쌍히 여기사 저희의 영을 회복시켜 주옵소서.

사랑의 주님, 저희 부부의 눈과 귀를 열어주셔서 하나님의 말씀이 살아있는 말씀으로 들리게 하시며 보게 하옵소서, 이제 저희 부부가 영안(靈眼)이 열려 하나님의 임재하심을 체험케 하옵소서. 인격적인 하나님과의 바른 관계를 통해 믿음을 회복하게 하옵소서. 저희 부부가 매일 마주 앉아 말씀을 앞에 두고 경건의 삶을 다져 믿음의 경륜을 이어가게 하옵소서. 경건의 훈련 속에서 그 동안의 어그러졌던 부부관계에 치유와 회복을 경험하게 하옵시고, 믿음의 성숙을 이루어 성령의 열매를 맺는 삶을 살아가게 해주실 줄 믿습니다.

하나님께서 저희 부부의 심령을 회복시켜주시므로 부부가 연합하여, 자식들과 부모님과 형제들을 더욱 사랑할 줄 믿습니다. 주님의 사랑으로 저희 부부를 채워주옵소서. 죽기까지 복종하신 예수님의 사랑과 생명을 덧입고 일평생 아름다운 삶을 살게 될 줄로 믿습니다. 생명이신 예수님의 이름으로 기도합니다. 아멘.

> **에스겔 36:26**
> 또 새 영을 너희 속에 두고 새 마음을 너희에게 주되 너희 육신에서 굳은 마음을 제거하고 부드러운 마음을 줄 것이며

부부 인생에 주님이
주인 되어 주옵소서

우리의 주인이신 예수님, 저희 부부가 죄인일 수밖에 없는 자신의 존재를 주님 앞에 내려놓게 하시고, 관계의 어려움이 올 때마다 회개하게 하시고, 이로 인해 주님의 은혜와 사랑을 가슴속 깊이 새김으로 감사가 넘치게 하시니 감사드립니다. 그 동안 저희 스스로가 주인이 되어 인생을 마음껏 살아왔던 교만함과 주님께 순종하지 못한 저희 부부의 삶을 용서하여 주옵소서.

이제 감사와 기쁨으로 주님께 나아가오니 저희 부부의 삶이 늘 범사에 주님이 우선순위임을 받들고 섬기며 나아가는 영적인 삶으로 변화시켜 주옵소서.

모든 일에 먼저 예배드리게 하시고 기도하게 하시고, 찬양을 올려드리는 삶이 되게 인도 하옵소서. 인간적인 권위와 권력을 내려놓고 주님을 섬기므로, 저희의 형제들과 자식들도 모두가 주님을 전인격적으로 받들어 섬기게 하옵소서. 주님의 권위를 먼저 세워드리는 지혜가 있게 하옵소서.

가정의 모든 일들을 먼저 기도하여 주님께 지혜와 명철을 받아 가정을 다스리는 멋진 제사장 부부로 삼아주옵소서. 그리하여 아이들에게는 훌륭한 엄마 아빠가 되고 부모님께는 훌륭한 아들과 며느리가 되게 해주실 줄로 믿습니다. 예수님의 이름으로 기도드립니다. 아멘.

스바냐 3:17
너의 하나님 여호와가 너의 가운데에 계시니 그는 구원을 베푸실 전능자이시라 그가 너로 말미암아 기쁨을 이기지 못하시며 너를 잠잠히 사랑하시며 너로 말미암아 즐거이 부르며 기뻐하시리라 하리라

온유한
부부가 되게 하옵소서

온유한 자에게 땅을 기업으로 주신다고 약속해 주신 주님, 저희 부부가 이 약속의 말씀을 믿고 나아가게 하오니 감사드립니다. 온유가 주님의 성품을 닮는 것조차 모른 체 그저 성격대로 스스로의 혈기를 드러냈던 저희 부부를 용서하여 주옵소서. 이제 저희 부부가 주님 앞에 성결한 마음으로 나아가오니 주님의 성품을 덧입고 닮아가게 하옵소서.

싸우기 보다는 온유한 말씨와 표정과 성품으로 서로를 마주보고 대화하게 하옵소서. 온유함 속에서 친밀함과 사랑을 느끼게 하옵소서. 언제나 책임과 의무를 나눠야 하는 관계이기 이전에 남과 여로 만나 육적으로 사랑한 연인이었음을, 서로의 이야기를 밤새 나누었던 우정의 관계였음을 잊지 않게 하옵소서. 사랑과 우정 속에서 저희 부부가 오랜 세월 싸우지 않고 온유한 감정으로 서로의 책임을 기꺼이 나눠가지며, 온전히 돕는 자로 설 줄로 믿습니다.

  진심어린 도움으로 서로가 서로에게 평안을 주는 자가 되며, 나아가 성령께서 부으신 저희 부부의 온유함 때문에 처하는 모든 주변이 평안의 역사가 일어나게 하옵소서. 주님께서 예비하신 선하고 아름다운 평안의 복이 넘쳐흘러 들어와 평안의 땅을 기업으로 받는 축복을 누릴 수 있도록 인도하옵소서. 예수님의 이름으로 기도드립니다. 아멘.

요한복음 15:13
사람이 친구를 위하여 자기 목숨을 버리면 이보다 더 큰 사랑이 없나니 너희는 내가 명하는 대로 행하면 곧 나의 친구라

물질의 자유함을 누리는 부부가 되게 하옵소서

우리를 언제나 즐거이 성실하게 책임져 주시는 주님, 저희가 부부로서 한 가정을 책임지며 사랑하며 살아가게 해주시니 감사드립니다. 사랑의 주님, 오랜 결혼 생활 동안 서로에게 사랑을 잃어버린 채 경제적인 책임과 의무만을 서로에게 강요하는 부부가 되어 가고 있습니다. 저희 부부의 연약함을 불쌍히 여겨주시고 용서하여 주옵소서. 주님, 저희 부부에게 결혼생활의 고단함을 위로해 주시고 주님의 사랑을 덧입혀 회복시켜 주옵소서.

경제적인 모든 문제의 주관자는 주님이심을 저희 부부가 믿고 나아가게 하옵소서. 세상적인 소유혹망을 주님 앞에 내려놓게 하시고, 더 이상 물질의 지배를 받아 좌지우지 되는 어리석은 삶을 살지 않도록 붙잡아 주시옵소서. 생명을 살리는 모든 것에 주님께서 만배로 채우심을 믿고 저희 부부가 물질과 돈으로부터 자유하게 하옵소서. 가정의 물질을 사용하고 관리함에 있어 먼저 주님의 뜻에 합당한가, 주님께서 원하시는가를 먼저 묻는 지혜를 덧입혀 주옵소서.

땅을 파는 대로 우물이 터져 나왔던 이삭의 우물처럼, 저희 부부가 어디를 가나 우물이 터져 나오는 생명의 양식을 경험하게 하옵소서. 그로 인해 주님 만들어주신 가정을 통해 경제적인 책임을 즐거이 나누는 성숙한 삶을 살게 될 줄 믿습니다. 언제 어디에서나 물질의 자유함과 영적인 기쁨을 주시어서 영육이 형통한 희락의 삶을 주실 줄 믿사오며 예수님의 이름으로 기도드립니다. 아멘.

여호수아 22:3
오늘까지 날이 오래도록 너희가 너희 형제를 떠나지 아니하고 오직 너희의 하나님 여호와께서 명령하신 그 책임을 지키도다

자식을 사랑하고 부모를 공경하는
부부이게 하옵소서

  부모를 공경하면 장수의 복을 누리리라고 약속하신 하나님, 감사드립니다. 부모를 공경하고 자식을 사랑하는 일이 남편은 아내의 일이라며 무심하고, 아내는 남편의 책임이라고 관심을 두지 않았던 저희 부부의 교만한 삶을 용서하여 주옵소서. 서로에 대한 사랑과 존경은 사라지고 오직 의무만 남아버린 저희 부부의 지친 인생에 기름 부어 주시고, 새롭게 하여주옵소서.

  이제 저희 부부가 성령의 은총 가운데 사랑으로 하나 되어 바쁜 가운데에서도 부모님을 진심으로 섬기고 돌아보게 하옵소서. 경제적 조력만을 넘어 자식과 진심으로 깊이 소통할 수 있는 부모가 되게 하옵소서.

  돈으로 채워주면 모든 것이 해결된다는 허세의 사랑을 버리게 하시고, 오직 주님의 마음으로 다가가 작은 것부터 가족을 섬길 수 있는 지혜를 덧입혀 주옵소서. 부모와 자식에게 사랑받기 위한 사랑이 아니라 하나님의 사랑을 삶으로 전하고 그 삶의 향기를 통해 그리스도 주님의 영광을 나타내는 진정한 삶이 되게 하옵소서.

  주님 앞에서 저희 부부가 빛 된 자로 살기를 원합니다. 인도하옵소서. 특별히 저희 부부가 가족을 먼저 주님의 몸된 교회로 인도하는 참된 도구가 되기 원하며, 저희 부부의 섬김의 씨가 믿음의 대를 이어가게 하옵시고, 가족 모두 그리스도의 향기를 삶으로 전하는 주님의 가족이 될 줄 믿습니다. 예수님의 이름으로 기도드립니다. 아멘.

> **출애굽기 20:12**
> 네 부모를 공경하라 그리하면 네 하나님 여호와가 네게 준 땅에서 네 생명이 길리라

연약함을 서로에게 고백하는
마음이 가난한 부부 되게 하옵소서

  우리의 연약함을 도우시는 주님, 저희 부부에게 연약함을 주셔서 감사합니다. 서로의 연약함을 위하여 기도하게 하시니 감사드립니다. 그 동안 서로의 연약함을. 약점으로 알아 보듬어 안지 못한 완악함을 주님 앞에 내려놓사오니 용서해 주옵시고 불쌍히 여겨주옵소서.

  성령께서 기름 부으셔서 주님, 부부의 권위 속에 허울 좋게 포장되어 있는 자신의 어려움과 연약함을 솔직하게 서로에게 고백하는 용기를 갖기를 원합니다. 강함 속에 가려 있는 내면의 연약함을 인정하고 주님 앞에 들고 나아가 해결 받기를 원하오니 인도하여 주옵소서.

대화 없이 인간적인 의지에 의해서만 해결하려다 늘 오해와 불신만을 나왔던 어리석음을 범치 않게 하옵소서. 하나님을 인정하지 않는 삶이 무능이며 무지함임을 알아, 저희 부부가 모든 일을 성령님을 의지하고 나아가는 결단과 지혜가 있게 하옵소서.

이제 '돕는 자' 성령님이 항상 옆에 있음에 기쁨을 누리고 찬양하게 하옵소서, 성령께서 만들어주신 가족 공동체가 영육간의 큰 '돕는 자'이며 중심임을 알아, 서로가 서로에게 연약함을 말하며 중보기도를 부탁하며, 부모님과 자녀들에게도 부탁하여 믿음의 승리를 이루는 멋진 부부가 될 수 있게 인도하옵소서.

가족 속에서 역동적으로 역사하시는 하나님의 살아계심을 날마다 경험하게 될 줄을 믿습니다. 찬양을 올려드리며 예수님의 이름으로 기도드립니다. 아멘.

로마서 8:26
이와 같이 성령도 우리의 연약함을 도우시나니 우리는 마땅히 기도할 바를 알지 못하나 오직 성령이 말할 수 없는 탄식으로 우리를 위하여 친히 간구하시느니라

유머가 넘쳐 서로를 즐겁게 하는
부부 되게 하옵소서

우리에게 희락의 영을 부어 주셔서 즐거움과 유머를 주신 하나님 아버지, 감사합니다. 슬픔 속에서도 웃을 수 있는 충만함으로 생기를 불어넣어 주시니 감사드립니다. 그 동안 진정한 즐거움을 알지 못한 채, 세상을 좇아 인간적인 즐거움만을 누리려 했던 저희 부부를 용서하옵소서. 이제 순간적인 세상의 쾌락 속에 위로 받으려 했던 어리석음을 범치 아니하도록 성령의 전신 갑주를 입혀 주실 줄 믿습니다.

하나님 아버지, 인생의 짐들을 주님 앞에 내려놓고 저희 부부가 진정한 즐거움을 통해 서로를 웃겨줄 수 있는 능력을 주옵소서. 남편 때문에 즐겁고, 아내 때문에 즐거운 하루하루의 삶을 살아가게 하옵소서. 서로를 생각만 해도 즐거운, 사랑과 희락의 영이 넘치게 하옵소서. 당황스러운 일이 벌어졌을 때, 고통스럽고 힘든 일이 왔을 때에, 언제 어디에서든 모든 상황을 여유로운 미소와 웃음으로 지혜롭게 처리해 가는 능력을 덧입혀 주옵소서. 이것이 힘이 되고, 자신감이 되어, 언제 어디에서나 부모님과 자녀들과 이웃들에게조차 유창하게 유머를 표현하여, 즐거움을 줄 수 있게 하옵소서. 그것이 양약이 되어 스스로도 치유하고 이웃도 치유할 수 있는 권능을 주옵소서.

저희 부부의 영이 기쁨으로 충만하므로, 유머와 웃음을 표현하여 이웃들의 뿌리까지 깃든 근심과 걱정의 마른 뼈를 회복시켜 주실 줄 믿습니다. 언제 어디서나 누구를 만나든 영(靈)과 육(肉)이 회복되는 역사가 일어날 줄 믿습니다. 예수님의 이름으로 기도드립니다. 아멘.

> 잠언 17:22
> 마음의 즐거움은 양약이라도 심령의 근심은 뼈를 마르게 하느니라

영육이 강건한 부부 되게 하옵소서

우리를 치료해 주시는 주님, 사랑합니다. 저희 부부의 육신의 연약함을 사랑으로 덧입혀 주시매, 당당히 살아갈 수 있음을 고백합니다. 그 동안 몸을 돌보지 못하고 언제나 만년 청춘인 듯 살아온 저희 부부를 불쌍히 여겨주옵소서. 사랑의 주님, 이제 만성 피곤함에 시달리는 저희 부부의 연약한 육신을 붙들고, 주님 앞으로 나아가오니 기도를 들으사, 만성적인 피곤함을 예수 보혈의 피로 씻어주옵소서.

눈의 피로와 온 육신의 피곤함을 풀어주옵소서. 어린 시절부터 유전으로 타고 오는 선천적 연약한 육의 질병들도 예수 보혈의 피로 씻어주옵소서.

    건강을 회복하고 누리며 살아가도록 인도해 주실 줄 믿습니다. 건강한 육신으로, 오히려 나이 들수록 모든 신경과 지각이 살아, 저희 부부가 영이신 하나님 아버지를 섬기는 데 부족함이 없도록 능력을 덧입혀 주옵소서.

    육적인 무기력에서 벗어나 더욱 역동적으로 말씀과 삶이 일치된 거룩한 신앙의 삶을 살아갈 줄 믿습니다. 영육(靈肉)이 하나 됨으로 온전한 연합을 이루고, 영혼이 잘되므로 범사가 잘되는 강건한 삶을 살 줄 믿고 감사드리며 예수님의 이름으로 기도드립니다. 아멘.

요한3서 1:2
사랑하는 자여 네 영혼이 잘됨 같이 네가 범사에 잘되고 강건하기를 내가 간구하노라

아름다운 성(性)생활을 이루어 가는
부부 되게 하옵소서

　아름다운 성(性)을 주신 하나님, 성을 통해 육적으로, 인격적으로, 영적으로, 부부의 연합과 친밀함과 사랑을 확인하게 하시니 감사드립니다. 사랑의 하나님, 인간을 육으로 만드신 까닭은 그 한계를 알게 하시기 위한임을 깨닫습니다. 부부의 연으로 만나 이제 그 타성에 젖어 서로를 안아도 감흥을 느끼지 못하는 순간이 있음을 고백합니다. 서로의 성을 채워줄 수 없을 만큼 육의 한계가 있음을 발견합니다.

　육의 위기를 맞이할 때에 잘 극복할 수 있도록 지혜를 덧입혀 주옵소서. 저희 부부 사이에 사탄마귀가 틈타지 아니하도록 인도하옵시고, 육의 한계가 왔을 때 나이 들어감을 인정하고, 영육이 연합된 성숙한 가족이 되어감을 인정하는 기회가 되도록 인도하옵소서.

남과 여로 만나 사랑을 나눌 수 있는 아름다운 성(性) 또한 우리의 육신 속에 있음을 알아, 권태를 느끼지 않게 하시고, 온전히 육의 하나 됨을 회복하고 지속하게 하옵소서. 저희 부부의 육을 통한 사랑이, 인격적인 친밀함과 안정으로 자리 잡게 하옵시고, 서로의 육을 돌봐주고 사랑해 주는 아름다움이 있게 하옵소서.

노년이 되어 육적인 한계로 인해 부부의 위기를 맞는다 할지라도, 그것을 수용하고, 그동안 육적 친밀함을 나눠온 사랑을 바탕으로 성숙하게 부부의 사랑을 이끌어 갈 수 있도록 인도해 주실 줄 믿습니다. 천국을 향해 나아가는 믿음의 동반자로서 성숙하고 아름다운 주님의 부부로 세워주 실줄 믿습니다. 예수님의 이름으로 기도드립니다. 아멘.

> 아가서 1 : 13-17
> 나의 사랑하는 자는 내 품 가운데 몰약 향주머니요 나의 사랑하는 자는 내게 엔게디 포도원의 고벨화 송이로구나 내 사랑아 너는 어여쁘고 어여쁘다 네 눈이 비둘기 같구나 나의 사랑하는 자야 너는 어여쁘고 화창하다 우리의 침상은 푸르고 우리 집은 백향목 들보, 잣나무 서까래로구나

믿음의 가문을 만드는 데 앞장서는 부부가 되게 하옵소서

사랑의 주님, 저희 부부가 뿌린 주님을 향한 신앙의 씨앗들이 자라 열매 맺게 하시며, 대를 이어가는 참된 도구가 되게 하시니 감사드립니다. 도구가 된다는 것이 어떤 것인지조차도 모르고 인본주의적인 생각과 감정대로 자녀를 소유 삼아 세상 가문의 영광을 위해 자녀를 양육해왔던 저희 부부의 지나온 삶을 용서해 주실 줄 믿습니다. 사랑의 주님, 이제 저희 부부가 주님의 가문을 이어가기 위해 주님 앞에 나아가오니, 받아주옵소서. 저희 부부가 재물을 남겨주기보다, 신앙을 남기는 데에 부족함이 없게 하옵소서.

신앙 교육을 통해 인간적인 시기 질투와 탐욕과 중독, 폭력 같은 악한 영의 유전적인 기질들이 자식들에게 끊어지게 하옵소서. 예수님의 선하신 영이 악한 영들을 물리치고, 나아가 저희 가문에 악한 영이 떠나가는 역사가 일어나게 될 줄 믿습니다. 오히려 저희 부부를 통해 주시는 하나님의 지혜롭고 선한 영향력들이 자식들에게 유전적인 기질로 남아 대를 이어 선한 하나님의 가문으로 충만히 이어갈 줄 믿습니다.

자식들이 대를 이어 이웃과 사회와 나라와 민족을 위해 선한 영향력을 끼치며 살아가는 아름다운 가문이 되도록 인도해 주실 줄 믿습니다. 언제나 하나님께서 허락하신 영적인 가문을 이어가는데 수고하고 애쓰는데 저희 부부가 부족함이 없도록, 하나님의 이름을 부르며, 복을 받아. 말씀의 권능으로 채워 주실 줄 믿습니다.

저희 부부의 수고 속에 하나님의 영원하신 상급이 있음을 믿으며, 예수님의 이름으로 기도드립니다. 아멘

> **로마서 1:17**
> 복음에는 하나님의 의가 나타나서 믿음으로 믿음에 이르게 하나니 기록된 바 오직 의인은 믿음으로 말미암아 살리라 함과 같으니라

미래를 준비하는
지혜로운 부부 되게 하옵소서

주님, 영광과 구원을 미리 예비해 주셔서 감사합니다. 예비하심에 우리가 어찌 살아가야 하는지 방향과 목적을 알게 해주셔서 감사드립니다. 비전을 바라보고 준비하는 자만이 주님의 영광을 위해 더 큰 그릇으로 사용될 수 있음을 믿습니다. 주님, 기도하면 무엇이든 이루어주신다는 믿음 또한 귀하지만, 이제는 저희 부부에게 믿고 나아가는 것뿐만 아니라 그 방법 또한 찾고 두드리며 하나님이 주신 그 뜻을 '보고' 나아가는 믿음의 영안을 열어주시옵소서.

죽음의 자리를 미리 준비하는 아브라함처럼, 사랑하는 연인을 얻기 위해 수고하는 야곱처럼,

주님의 성전을 짓기 위해 준비하는 느헤미야처럼, 자손의 미래의 안정과 평화와 안식을 위해 그 지혜를 하나하나 주님께 묻고 구하며 나아가게 하옵소서. 하나님의 준비하심을 날마다 체험케 하옵소서.

  무엇이든 필요한 것을 보여주시고 언제나 준비해 주시는 하나님을 만남으로, 저희 부부가 날마다 가족 뿐만 아니라 사회와 국가의 미래까지 기도하며 나아가는 자들이 될 줄 믿습니다. 여호와 이레의 믿음으로 인해 날마다 저희 부부의 지경이 넓어질 줄 믿습니다. 하나님께로부터 오는 지혜와 준비해 주심을 경험할 때마다, 그것을 세상 사람들에게 증거 하는 증인된 부부가 될 줄 믿습니다. 형통한 복을 누리며 살아가는 삶을 허락하신 주님을 찬양하오며, 예수님의 이름으로 기도 드립니다. 아멘.

> **창세기 22:14**
> 아브라함이 그 땅 이름을 여호와 이레라 하였으므로 오늘날까지 사람들이 이르기를 여호와의 산에서 준비되리라 하더라

서로의 완고함을 버리고
순종하는 부부가 되게 하옵소서

순종의 길을 알려 주신 주님,

우리 속에 성령께서 살아 역사하시는 까닭은 주님을 증거하라는 귀하신 뜻이 있음을 깨닫습니다. 저희의 부부에게도, 세상적인 가치와 인본주의적인 고집은 버리게 하시고, 오직 하나님의 뜻을 받들어 섬길 수 있는 순종의 은혜를 덧입혀 주시옵소서. 순종함으로 순종의 열매를 맺게 해 주시고 온전히 하나님의 뜻과 증인이 될 수 있게 인도하옵소서. 남에게 피해 끼치지 않고, 자신만 안전하면 된다는 개인주의적인 신앙에서 벗어나, 저희 부부가 이제는 영적인 책임을 갖고 사회 속에 나아가 주님의 증인으로서 성숙한 신앙의 삶을 살아갈 수 있도록 인도하옵소서.

주께서는 저희의 성공을 원하시는 것이 아니고 저희의 삶을 원하시는 줄 압니다. 저희가 세상을 살면서 성공적인 인생을 사는 것을 원하시는 것이 아니고 주께 순종하여 하나님의 길을 가는 것에 성공하는 것을 원하시는 줄 믿습니다. 저희에게는 능력이 없으나 순종할 때 하나님께서 역사하심을 또한 믿습니다.

저희 부부가 세상의 법칙을 좇아 허망하게 살지 않게 하시고 저희의 고집과 상식을 내려놓고 주님의 말씀을 순종하게 하옵소서. 그것으로 하나님의 나라가 넓혀지는 데 저희가 쓰임 받게 하여 주옵소서.

예수님의 이름으로 기도드립니다. 아멘.

로마서 6:16
너희 자신을 종으로 내주어 누구에게 순종하든지 그 순종함을 받는 자의 종이 되는 줄을 너희가 알지 못하느냐 혹은 죄의 종으로 사망에 이르고 혹은 순종의 종으로 의에 이르느니라

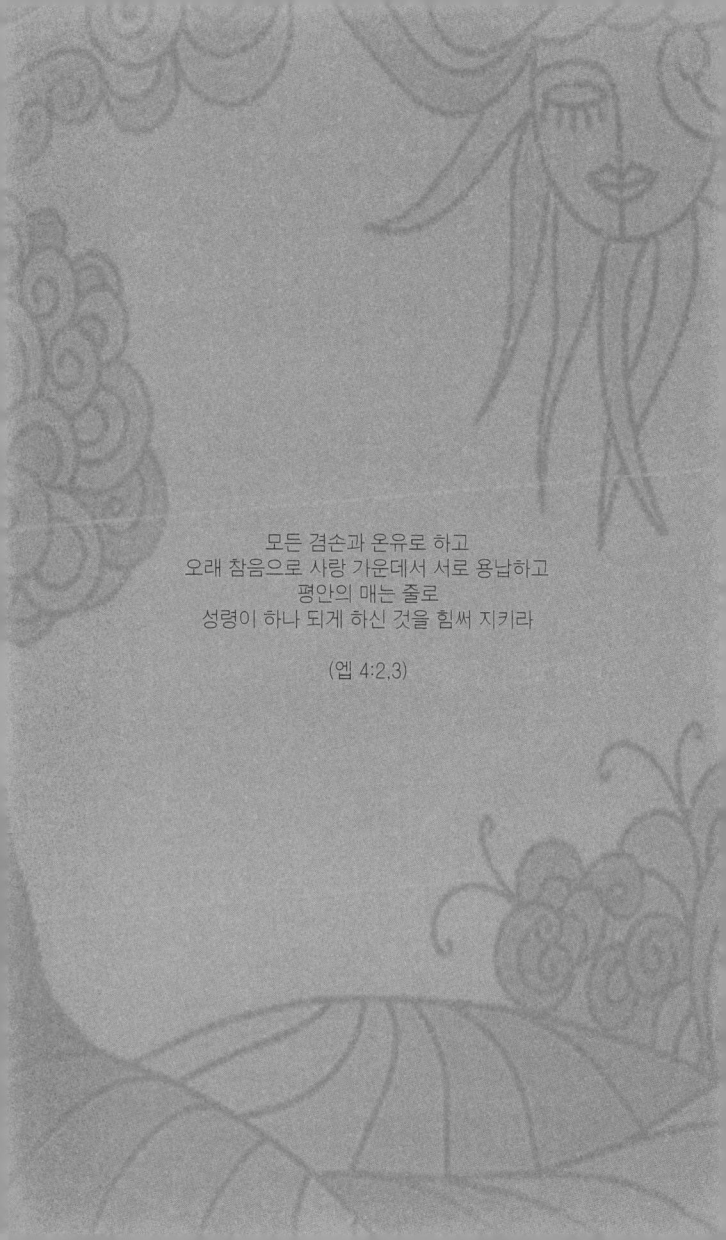

모든 겸손과 온유로 하고
오래 참음으로 사랑 가운데서 서로 용납하고
평안의 매는 줄로
성령이 하나 되게 하신 것을 힘써 지키라

(엡 4:2,3)

Chapter 3

영생의 삶으로 인도하는 자식들의 부모님을 위한 기도문

여기가 내 집입니다

 인도의 캘커타에서 빈민들을 헌신적으로 돌보고 있는 테레사 수녀는 거리에서 한 소년을 만났다. 제대로 먹지 않아 깡마른 소년의 행색은 너무나 더럽고 초라했다. 수녀는 소년의 손을 잡고 자신이 운영하는 <어린이의 집>으로 돌아왔다. 그리고 소년의 더러운 옷을 빨아 입혀준 뒤 따뜻한 국물을 먹게 하였다. 그런 다음 소년을 침대에 데려다 뉘였다. 소년은 평화로운 얼굴로 깊이 잠들었다. 그런데 이튿날 소년은 <어린이의 집>을 도망쳐 나갔다. 이를 안 수녀들이 소년을 쫓아가 다시 데려왔다. 그러나 소년은 기회를 엿보다 또 다시 도망쳤다. 깨끗한 옷과 따뜻한 음식, 잠자리를 왜 마다하는지 수녀들은 의아스러웠다. 다른 수녀들로부터 소년의 얘기를 전해들은 테레사 수녀가 말했다.
 "여러분 중 한 분이 소년의 곁을 지키다가 소년이 가는 곳을 한 번 따라가 보십시오."

그래서 한 수녀가 소년을 지켰다. 다음날 소년은 어김없이 도망을 쳤고 수녀는 소년을 몰래 뒤따랐다. 소년은 커다란 나무 밑에 이르러 걸음을 멈추었다. 나무 밑엔 한 여인이 쓰레기통에서 주워 온 듯한 온갖 음식 찌꺼기들을 작은 질그릇에 담아 끓이고 있었다. 소년은 그 옆에서 기쁜 얼굴로 음식이 끓는 것을 바라보고 있었다. 수녀가 소년에게 다가가자 소년은 두려운 눈빛을 띤 채 한 걸음 물러섰다. 그러자 수녀가 미소를 띠우며 물었다.

"너는 왜 <어린이의 집>을 도망쳤니?" 소년은 여인 쪽으로 쪼르르 달려가더니 이렇게 말했다. "여기에 어머니가 계시기 때문이에요. 여기가 내 집입니다."

수녀는 <어린이의 집>으로 돌아와 눈물을 글썽이며 그간의 일을 테레사 수녀에게 들려주었다. 테레사 수녀는 잔잔한 미소를 띠며 말했다.

"어머니가 있는 그곳이 소년의 집이지요. 그리고 어머니가 만든 음식이기 때문에 소년에겐 쓰레기통에서 주워 온 것일지라도 맛있는 성찬이지요."

은사를
체험하게 하옵소서

사람에게 각각의 은사를 더하시는 주님, 은사를 통해 하나님을 가까이 만나게 해주시고, 주님의 세계를 넓고 깊이 있게 체험하게 하시니 감사드립니다. 오래도록 하나님을 인정하지 못하고 육의 삶을 살아온 저희 부모님을 불쌍히 여기셔서 용서하옵소서.

저희 부모님을 향한 안타까운 마음을 들고 주님 앞에 나아가오니, 주님 받아주옵소서. 부모님의 영안의 지각과 눈을 열어주셔서 보이지 않는 주님을 체험케 하옵시고, 주님을 사모할 수 있는 뜨거운 마음을 허락하옵소서. 육에 젖은 세상적인 사고와 마음을 끊게 예수 보혈의 피로 끊어주

옵소서,

　강권적인 은사를 더하셔서서 보이지 않는 천국을 사모하며, 영원한 삶을 사모하게 하옵소서. 시간이 지날수록 영생의 삶에 대한 확신을 덧입혀 주옵소서. 남은 인생 동안 현실에서의 천국을 누리실 수 있도록 방언도 주옵시며, 계시의 은사도 덧입혀 주옵소서.

　영안의 눈이 깊어져 삶을 바라볼 때에 영육의 평안함을 누리게 하옵시고, 삶을 더 깊이 통찰하여 가족에게 뿐만 아니라 이웃에게까지 덕을 끼치는 사명의 삶을 살도록 인도하옵소서. 이로 인해 노년의 삶이 풍요로워 질 수 있도록 축복하옵소서. 예수님의 이름으로 기도드립니다. 아멘.

> **로마서 6:23**
> 죄의 삯은 사망이요 하나님의 은사는 그리스도 예수 우리 주 안에 있는 영생이니라

강건의
축복을 더하옵소서

주님,

저희 부모님에게 강건함의 은혜를 날마다 더해 주실 줄 믿고 감사드립니다. 그 동안 나이 드신 부모님께서 생각하는 일도 더디고, 마음도 무디어 노년의 삶이 결핍으로 물들어갈 때, 붙잡아 주실 줄 믿고 기도하며 나아갑니다.

사랑의 주님,

저희 부모님께 다가가셔서 성령 충만함을 주시고 영육의 강건함으로 채워주옵소서. 육적인 외로움과 슬픔과 허무함에 깊이 빠지지 말게 하시며, 두려워하지 말게 하옵소서.

인생이 죽을 수밖에 없는 존재임을 깨닫는 노년의 시기에 하나님을 모르면 고통과 슬픔을 안고 영원히 살아야 함을 깨닫는 귀한 시간들로 채워 주옵소서.

부모님 스스로가 하나님 앞에 백프로 죄인임을 인정하는 역사가 일어나게 하옵소서.

영육의 모든 것을 하나님께 맡기고 나아가 의지할 때, 사랑의 주님, 부모님에게 자식을 의존하기 보다 자신의 건강과 마음을 잘 관리하고 다스릴 수 있게 인도하옵소서. 육신의 강건함으로 노년의 열정을 갖고 이웃에게도 사랑과 자비와 화평과 긍휼을 강건히 전할 수 있는 능력과 축복을 베풀어 주시옵소서.

노쇠함으로 인해 자기 자신에게 어쩔 수 없이 찾아온 건강의 연약함도 인정하게 하시고, 그 인정 속에서 낮은 마음으로 하나님을 겸손히 의지하며 하나님의 사랑을 펼쳐 나아가는 축복을 더하여 주옵소서. 예수님의 이름으로 기도드립니다. 아멘.

> **다니엘 10:19**
> 큰 은총을 받은 사람이여 두려워하지 말라 평안하라 강건하라 강건하라 그가 이같이 내게 말하매 내가 곧 힘이 나서 이르되 내 주께서 나를 강건하게 하셨사오니 말씀하옵소서

평강 속에 거하여
장수의 복을 주옵소서

장수의 복을 더하신다고 약속하신 주님, 감사드립니다. 나이가 들수록 지각이 떨어지며, 자식들에게 서운한 감정이 몰려들어 화를 내고 분노를 폭발하며 자신을 다스리지 못하는 부모님을 불쌍히 여겨주옵소서.

주님을 알지 못해 때때마다 부모님과 자식과 남편과 아내와 이웃에게 받아온 쓴 뿌리처럼 남은 마음의 상처를 주님께서 보혈의 피로 씻어주시고, 위로해 주옵소서. 이제 주님께서 언제나 동행해 주시므로 평강 속에 마음의 안식을 얻을 줄 믿습니다.

평강한 마음으로 인해 건강을 지키고, 장수의

복을 누리며 살아갈 수 있을 줄 믿습니다.

장수하는 자에게 지혜와 명철이 있다고 약속해 주셨사오니, 장수하시는 부모님의 노년의 삶이 죽음이 끝이 아니라 영원한 삶으로 나아가는 통로임을 믿고, 노년의 하루하루를 새롭게 생활하게 하옵소서.

노년의 명철과 지혜를 젊은 자들에게 가르쳐 주며 하루하루 삶을 더욱 아름답게 가꿔 나아가게 하옵소서. 노년의 삶이 보람되고 풍요가 넘치는 천국의 삶이 되도록 축복해 주실 줄 믿습니다. 예수님의 이름으로 기도드립니다. 아멘.

욥기 12:12
늙은 자에게는 지혜가 있고 장수하는 자에게는 명철이 있느니라

망령을 벗어나 생령의 삶을
살게 하옵소서

우리를 생령의 삶으로 인도하신 하나님 아버지, 감사드립니다. 나이 들어 저희 부모님이 두려워하는 것은 망령이 찾아와 자식들에게 피해를 입히지 않을까, 스스로가 지각하지도 못한 채 무너지지 않을까 하는 망령된 삶입니다.

사랑의 주님, 지각을 떨어뜨리며 기억을 잃게 하는 망령의 마귀들을 주님의 보혈로 씻어주시고, 끊어 주옵소서. 부모님이 언제나 영적으로 깨어 주님께서 내려주시는 온전한 사랑 안에 있게 하옵소서.

사랑 안에서 부모님이 모든 두려움을 내어 쫓고 호흡을 거두는 그 순간까지 생령의 삶을 아름답게 가꿔 나가실 줄로 믿습니다.

   생령의 삶을 위해 수시로 찬양과 말씀을 외우게 하시고, 기억하게 하시며, 그 찬양과 말씀대로 살려고 하는 의지와 열정을 덧입혀 주셔서 성숙한 생을 살다 떠나가실 수 있도록 영생의 축복을 덧입혀 주옵소서.

   부모님의 노년의 축복을 통해 저희 자식들이 아무리 강건하여도 때가 이르매 노쇠하며 죽을 수밖에 없는 것이 삶임을 깨달아 항상 주님 앞에 존재를 내려놓고 겸손한 삶을 살아갈 수 있도록 인도하옵소서. 예수님의 이름으로 기도드립니다. 아멘.

요한1서 4:18
사랑 안에 두려움이 없고 온전한 사랑이 두려움을 내쫓나니 두려움에는 형벌이 있음이라 두려워하는 자는 사랑 안에서 온전히 이루지 못하였느니라

손자 손녀와 깊은 소통을 나누게 하옵소서

언제나 친구가 되어주시는 주님, 은혜와 사랑을 통해 주님과 늘 깊은 소통의 삶을 살게 하시니 감사드립니다. 여유롭지 못해 자식들과 깊이 소통하지 못했던 강퍅했던 삶을 불쌍히 여겨주옵시고, 이제 저희 부모님에게 손주들과 친구처럼 깊은 소통을 나눌 수 있는 능력을 덧입혀 주옵소서. 손주들과 경험하고 쌓은 지혜들을 나누며 그 깊은 교감 속에 손주들과 사랑을 교류하는 아름다움이 있게 하옵소서.

자식들에게 받지 못한 사랑의 아픔도 치유 받게 하시며, 넉넉한 할머니 할아버지의 사랑으로 손주들이 지혜가 크게 커 나아갈 줄 믿습니다.

사랑의 주님, 어른의 권위와 예와 덕을 손주들에게 사랑으로 가르쳐 주는 훌륭한 조부모님이 되실 수 있도록 인도하옵소서. 손주들 또한 그런 할머니 할아버지의 살아계시는 시간들이 사랑을 교류하면서도 그 속에서 참다운 인간에 대한 예(禮)를 깨닫고 덕을 실천할 수 있는 기회의 시간들임을 감사하게 하옵소서.

부디 원하옵기는 부모님의 입술을 통해 언제나 구세주이시면 참 진리이신 예수님께서 우리 인생의 친구가 되어주신다는 그 귀한 진리를 손주들에게 전하는 시혜를 주실 줄 믿습니다. 믿음의 씨를 뿌리며 믿음의 대를 이어가는 축복이 있게 하옵소서.

예수님의 이름으로 기도드립니다. 아멘.

> 요한복음 14:14
> 내 이름으로 무엇이든지 내게 구하면 내가 행하리라

젊은이들에게 가르치는 자가 되게 하옵소서

늙은 자에게는 지혜가 있고 장수하는 자에게는 명철이 있다 말씀하신 주님, 부모님의 인생의 역정 속에 언제나 함께 하심을 감사합니다. 인생의 극복 과정 속에 늘 주님의 안위하심이 있었음을 믿습니다. 주님을 의지하지 못해 어그러진 삶과 주님, 주님을 의지했을 때 형통했던 그 삶이 부모님의 체험과 지혜 속에 담겨 있을 줄 믿습니다. 나아가 그 인생 경험 속에 주님의 지혜와 명철이 담겨 있을 줄 믿습니다.

사랑의 주님,

저희 부모님께서 인생을 통해 발견한 그리스도의 진리를 젊은 저희들에게 가르쳐 주는 자가 되게 하옵소서. 앵무새처럼 말로만 전하는 헛된 지혜가 아니라, 삶과 신앙이 일치된 삶이오니, 그 신앙의 삶을 자비와 화평과 온유와 양선과 거룩함과 분별을 담아 젊은 저희 자식들에게 가르쳐 주는 지혜자가 될 수 있게 인도하옵소서.

  사랑의 주님, 부모님께서 삶으로 가르쳐 주는 풍성한 지혜로 인해 자식들이 먼저 부모님을 사랑하고 공경한다고 말하며, 나이 드신 부모님을 향한 책임과 의무를 기쁘게 감당하는 축복이 있게 하옵소서. 부모님이 천국에서 크다 일컬음을 받는 축복이 있을 줄 믿습니다. 예수님의 이름으로 기도드립니다. 아멘.

마태복음 5:19
그러므로 누구든지 이 계명 중의 지극히 작은 것 하나라도 버리고 또 그같이 사람을 가르치는 자는 천국에서 지극히 작다 일컬음을 받을 것이요 누구든지 이를 행하며 가르치는 자는 천국에서 크다 일컬음을 받으리라

욥기 12:12
늙은 자에게는 지혜가 있고 장수하는 자에게는 명철이 있느니라

내가 사람의 방언과 천사의 말을 할지라도
사랑이 없으면 소리 나는 구리와 울리는 꽹과리가 되고
내가 예언하는 능력이 있어
모든 비밀과 모든 지식을 알고
또 산을 옮길 만한 모든 믿음이 있을지라도
사랑이 없으면 내가 아무 것도 아니요
내가 내게 있는 모든 것으로 구제하고
또 내 몸을 불사르게 내줄지라도
사랑이 없으면 내게 아무 유익이 없느니라

(고전 13:1~3)

Chapter 4

소명과 사명의
삶을 위한
온가족 직장 생활을
위한 기도문

직장 안에서 하나님의 살아계심을
날마다 경험하는 산 증인이 되게 하옵소서

오늘도 살아 역사하시는 하나님 아버지, 눈에 보이는 것을 쫓는 삶이 아닌 주님 살아계심을 날마다 경험하는 남편이 되게 축복해 주시니 감사드립니다.

하나님, 직장은 영적 전쟁터이기에 깨어있지 않으면 늘 무기력 할 수밖에 없음을 고백합니다. 그 동안 저희 남편이 직장생활에 휩쓸려 무너지고, 그 속에서 죄를 다스리지 못한 삶을 용서하여 주옵시고, 불쌍히 여겨 주옵소서. 날마다 강건한 믿음으로 주님 앞에 나아가 살아 계신 주님과 끊임없이 대화하게 하시고, 영적인 즐거움으로 오늘을 살게 하시며 그 삶을 증거하게 해 주실 줄 믿습니다.

저희 남편의 성령 충만함으로 인해 직장과 가정이 변화되게 하시고, 남편이 가는 곳마다 남편과 관계된 모든 사람들이 주님을 경험하는 역사가 일어나게 하옵소서.

사랑의 하나님, 남편이 지치고 힘들 때마다 주님께서 친히 벗이 되어 주실 줄 믿습니다. 주님과의 인격적인 교제 속에서 과중한 업무와 피곤함에도 불구하고 세상이 알 수 없는 평강으로 인도하사 살아 계신 주님께 영광을 돌리는 남편이 되게 하옵소서. 하나님의 돌보심과 구원의 감격으로 인해 지금 처한 어떠한 상황에서도 진정한 감사를 올려 드리게 하옵소서. 제 남편을 오늘도 세상이 알 수도 없고 줄 수도 없는 평안 속으로 인도하시는 주님께 영광을 올리며, 예수님 이름으로 기도드립니다. 아멘.

> **요한계시록 1:2**
> 요한은 하나님의 말씀과 예수 그리스도의 증거 곧 자기가 본 것을 다 증거하였느니라

책임과 의무를
성실히 수행하게 하옵소서

　우리 인생에 짊어져야할 십자가를 허락하신 하나님 아버지, 자기를 부인해야 이 십자가를 질 수 있음을 날마다 깨닫게 해주시니 감사드립니다. 자기를 부인 해야만 범사에 성실함으로 책임과 의무의 십자가를 짊어 질 수 있음을 믿습니다.
　사랑의 하나님, 저희 남편이 직장에서 자기를 부인하고 성실히 책임과 의무의 십자가를 즐거이 질 수 있도록 인도해 주시길 기도드립니다. 그 동안 입술로는 주님을 부르면서도 자신의 존재를 하나님 앞에 내려놓지 못하고, 이기심이 충만하여 본인이 해야 할 일을 남에게 전가시키고 모든 의무를 억지로 행하기만 했던 주님의 자녀를 불쌍히 여겨주시고 용서하여 주옵소서.

사랑의 주님,

이제 주께서 친히 보이신 섬김과 겸손의 길로 남편을 인도해 주실 줄 믿습니다. 마땅히 해야 하는 일에도 불구하고 습관적으로 하는 불평의 입술을 거두어 주시고 자원하는 마음으로 그 책임을 다하는 남편이 되어 주님의 자랑스러운 자녀가 되게 하옵소서. 다른 사람들의 무책임한 상황들로 인해 성실히 일하는 남편에게 불필요한 일들이 집중되지 않게 하시고 직원들 모두가 각자의 책임과 의무를 소홀히 여기지 않는 성실함을 남편의 직장에 허락하옵소서. 때로는 다른 사람의 책임과 의무일지라도 기꺼이 함께 해줄 수 있는 여유와 섬김도 남편에게 허락하옵소서. 서로 간에 주님 주신 은사대로 도움을 주고받으며 연합하는 기쁨도 맛보아 주님의 사랑이 아름답게 드러날 줄 믿습니다. 예수님의 이름으로 기도드립니다. 아멘.

> 시편 25:21
> 내가 주를 바라오니 성실과 정직으로 나를 보호하소서

직장 안에서 비전을
이루게 하옵소서

비전을 주셔서 언제나 우리의 생명을 역동하게 하시는 하나님 아버지, 그 은혜와 사랑에 감사드립니다. 지금도 직장에서 열심히 일하고 있을 남편을 위해 무릎 꿇습니다. 그 동안 하나님 앞에 비전 없이 단지 생존을 위해서만 직장생활을 꾸려나갔던 저희 남편의 지난날의 어리석음을 용서하옵소서.

이제 직장에서 이루어야 할 비전을 품고 주님 앞에 나아가오니 남편이 품고 있는 비전이 이루어지도록 축복하옵소서. 그 꿈을 위해 기도하게 하옵시고, 하나님의 뜻을 따라 노력하게 하옵시고, 그 노력의 결과와 열매를 맺게 하옵소서.

늘 본인의 나아갈 길을 기도로 준비하며 주님

의 법도에 어긋나지는 않는지 상고하게 하시고, 무엇보다 주님의 때를 기다릴 줄 아는 인내의 마음을 갖게 하옵소서.

한 가정의 가장으로서, 또한 직장의 일원으로서 현실의 많은 상황이 남편을 힘들고 지치게 하여도 품은 비전을 잃지 않고 반드시 이룬다는 소망으로 오늘을 살게 하옵소서. 주변에서 이런 남편을 위해 중보하게 하시고 영적인 동반자로서 가장 좋은 지혜의 말씀으로 위로하며 조언하게 하옵소서.

영육간에 지치고 힘들 때마다 무엇을 위해 지금의 힘든 시간들을 견뎌야 하는지 저희 남편이 깨닫게 하시고 그 길고 외로운 길에 주님께서 친히 동행하여 주옵소서. 다시 한 번 남편의 비전이 주님 뜻 가운데 온전히 이루어지길 바라며 예수님 이름으로 기도드립니다. 아멘.

사무엘하 7:21
주의 말씀으로 말미암아 주의 뜻대로 이 모든 큰 일을 행하사 주의 종에게 알게 하셨나이다

직장을 통해 영육의 강건해 짐을 감사하게 하옵소서

사랑의 주님,

우리에게 허락하신 많은 상황으로 인해 감사의 기도를 드립니다. 주님께서 우리에게 말씀하신 많은 계명을 삶의 현장인 직장에서 실천하며 살게 하시니 또한 감사드립니다. 서로 사랑하라, 서로 섬기라, 주께 대하듯 하라 명하신 말씀들을 마음에 새겨 그렇게 살게 하시니 또한 감사를 드립니다. 그 동안 이 감사함을 알지 못했던 직장에 대해 불평불만을 토로했던 연약함을 불쌍이 여겨주옵시고 용서하여 주옵소서.

이제 주님 앞에 나아가오니 힘들 때도 있고 즐거울 때도 있는 직장으로 인해 지금의 남편이 정

금같이 나아가리라는 믿음을 갖고 살아가게 하옵소서. 믿지 않는 이들은 이해하지 못할 많은 일들에도 불구하고 무엇을 하든 감사의 고백을 하게 하옵시고, 자신의 강건해 짐과 그 내적인 변화로 인해 늘 주님께 감사하는 하루하루를 잃지 않게 하옵소서.

친히 모퉁잇돌이 되셨던 주님의 길을 직장 안에서 남편도 걷게 하시고, 직장을 통해 주님이 쓰실 큰 그릇으로 빚어 주시옵소서. 이전에는 힘들고 어려워 늘 낙심하던 남편에게 영적인 강건함으로 새롭게 서듭나게 해 주시니 감사를 드립니다. 주님이 인도해 주신 남편의 직장을 통해 날마다 끊임없이 영적, 육적으로 성장하게 하시고 주님 나라가 확장되는 역사와 그 속에서 귀하게 쓰임 받는 주님의 도구가 될 줄 믿습니다. 예수님 이름으로 기도드립니다. 아멘.

> **요한삼서 1:2**
> 사랑하는 자여 네 영혼이 잘됨 같이 네가 범사에 잘되고 강건하기를 내가 간구하노라

다스림의 권세를
허락하옵소서

능력의 주님,

저희 남편에게 사랑과 화합의 은사를 허락해주시니 감사드립니다. 그 동안 직장 안에서 불화의 광경을 보고도 불구경하듯이 서 있었던 어리석음과 연약함을 불쌍히 여겨주옵시고 용서하여 주옵소서. 이제 주님 앞에 저희 남편의 연약함을 들고 기도합니다.

사랑의 주님, 저희 남편에게 직장의 상사나 선후배간에 화합을 이끄는 지혜를 허락하옵소서. 다른 사람들의 마음까지 헤아리고 배려하며 일하는 성숙함을 주옵소서. 주님이 이미 기름 부으시고 허락하신 다스림의 권세를 올바로 사용하는 남편이 되게 하시고 직장 동료 간에 무심코 주고받은 말로 인해 마음에 상처를 주거나 수치심을 느끼게 하는 일이 사라지게 하옵소서.

지혜롭고 적절한 다스림의 언어를 말하게 하시고 항상 회사를 위해 조력과 조언을 아끼지 않는 남편을 통해 친히 주께서 이 사업장을 다스리는 주인이 되어 주시옵소서. 주님이 주신 다스림의 권세로 인해 제 남편 입술에 주의 율례를 허락하시고 그로 인해 동료들에게는 더욱 신망받는 리더가 되게 하시며 직원들이 즐겁고 자원하는 마음으로 일에 임하며 남편의 권위 아래 순종하게 하옵소서.

오늘도 남편이 주님 주신 권세로 능치 못할 일 없음을 고백하며 주님께 영광 돌리며 승리하는 하루가 되게 하옵소서. 예수님 이름으로 기도드립니다. 아멘.

역대상 29:12
부와 귀가 주께로 말미암고 또 주는 만물의 주재가 되사 손에 권세와 능력이 있사오니 모든 사람을 크게 하심과 강하게 하심이 주의 손에 있나이다

네가 네 하나님 여호와의 말씀을 청종하면
이 모든 복이 네게 임하며 네게 이르리니
성읍에서도 복을 받고
들에서도 복을 받을 것이며
네 몸의 자녀와 네 토지의 소산과
네 짐승의 새끼와 소와 양의 새끼가 복을 받을 것이며
네 광주리와 떡 반죽 그릇이 복을 받을 것이며
네가 들어와도 복을 받고
나가도 복을 받을 것이니라

(신 28:2~6)

Chapter 5

영육의 강건함을 위한
온 가족 치유기도문

가족을 위한 기도

나보다 가족을 먼저 생각하는 여유를 주시고
서로를 아끼고 사랑하며 믿음으로
하나 되게 하소서

물질적인 풍요보다 마음의 풍요가
소중함을 느끼게 하시고
이기적인 마음 때문에
서로에게 고통을 주지 않도록 하소서

없는 것에 대해 불평하기보다
저희에게 주신 것에 대해 감사할 줄 아는
여유와 은총을 주소서

교만으로부터 오는
자존심과 허영심을 모두 버리고
겸손함과 정직함으로 살아가도록 하소서

작은 지식으로
다른 사람을 판단하지 않도록 하시고
모든 사람을 존중할 수 있는 겸허함을 주소서

저를 위하여 다른 사람들이 있기를 바라기보다
다른 사람들을 위해 내가 존재하는
기쁨을 느끼도록 하소서

서로를 믿고 사랑하며
사랑 안에서 모두가 함께 할 수 있도록 하소서

삶이 힘들고 괴로울지라도
주어진 삶을 기쁨으로 맞이할 수 있는
용기와 믿음을 주소서

실수를 하거나 잘못을 하였을 때
욕하고 비난하기보다 용서하고 격려하며
포용할 수 있는 넓고 깊은 마음을 갖도록 하소서

노력 없이 결과를 기대하지 않도록 하시고
성실과 정직으로 모든 일에 임하도록 하소서

다른 사람에게 보여주기 위해
열 가지의 일을 하기보다 보이지 않는
진정한 하나의 일을 즐겁게 할 수 있게 하소서

미미한 나의 능력과 지혜가
나만을 위한 것이 아니고
너와 나 우리 모두를 위해 주신 것임을
잊지 않도록 하소서

서로를 이해하고 용서하며
기쁨과 즐거움이 함께 하는 열린 가족이 되게 하소서

— 심재학 / 〈사랑밭 새벽편지〉 중에서

악한 영이 유전되지 않게 하옵소서

악한 영을 대적하고 저희를 구원해 주시는 주님, 저희가 주님 앞에 100% 죄인임을 인정하게 해주시니 감사드립니다. 죄인이기에 영적인 분별을 갖추지 않으면 쉽게 죄에 빠지고 마는 저희의 연약함을 돌보아 주시옵소서. 연약함 속에서 더욱 하나님께 붙들려 있도록 성령께서 붙잡아 주옵시고, 저희가 이제 더욱 하나님을 섬길 수 있음을 믿습니다.

사랑의 주님,

악한 영들이 저희의 연약함 속에 파고들어와 저희와 저희 자식들이 죄의 종이 되어 가고 있습니다. 이 죄가 유전되는 불행한 일을 당하지 않도록 주님의 이름으로 끊어 주시옵소서.

   선천적인 뇌기능의 결함으로 인한 것이라면 주님께서 뇌기능의 결함들을 예수 보혈의 피로 씻어주시고, 정상적으로 뇌기능을 치료해 주시고 회복시켜 주셔서 다음 세대에 유전되지 않도록 성령님께서 역사하여 주시옵소서.

   악은 언제나 우리의 삶을 찢어발겨 분리시킴을 깨달아 저희가 항상 깨어 있게 하옵소서. 저희가 악을 심어 악의 열매를 거두는 삶이 아니라 선을 심고 쌓아 선의 열매를 거두는 삶이 되게 하옵소서. 선한 것에 빠져 삶의 건강함을 누리게 하시며, 그로 인해 선함을 자손에게 유전하는 형통한 주님의 자녀가 되도록 축복해 주시옵소서. 예수님의 이름으로 기도드립니다. 아멘.

마태복음 12:35
선한 사람은 그 쌓은 선에서 선한 것을 내고 악한 사람은 그 쌓은 악에서 악한 것을 내느니라

로마서 6:23
죄의 삯은 사망이요 하나님의 은사는 그리스도 예수 우리 주 안에 있는 영생이니라

피해의식을 끊게 하옵소서

하나님 아버지,

언제나 자기감정에 묶여 '자기' 밖에 바라볼 줄 모르고 헤어나올 줄 모르는 저들을 불쌍히 여겨주시옵소서. 부정적인 감정에 사로잡혀 자신만이 피해자인듯 바라보는 저희를 붙들고 있는 악한 권세를 예수 보혈의 피로 씻어주시옵소서. 피해의식에 젖은 육신의 눈으로 주변을 보며 판단하지 않게 하시고, 모든 일에 보이지 않게 일하고 계시는 주님을 인정할 줄 알게 하옵소서.

지나온 과거의 아픔들을 주님 앞에 내려놓게 하시며, 과거의 일들에 대해 걱정과 두려움을 앞세우는 습성들을 예수 보혈의 피로 씻어주시옵소서. 본인의 의와 능력으로 이루려 하기보다 잘

되든 못 되든 모든 주권을 주님께 먼저 내어드리고 나아가는 삶이 되도록 축복해 주시옵소서.

사랑의 주님, 늘 돕는 이웃을 허락하시어 그들과 더불어 합력하여 선을 이루어가는 경험을 쌓을 수 있게 인도하옵소서. 예상치 못했던 결과에 대해 인간적인 염려와 두려움으로 때 늦은 기도를 하기보다 기도로 모든 일을 준비하는 저희가 되게 하시고 주신 결과에도 감사할 수 있는 마음을 허락 하옵소서.

저희가 주어진 상황을 탓하며 만족한 결과를 얻지 못했다는 피해의식에서 오늘 이 후 완전히 자유하게 하시며 주님의 뜻을 밝히 볼 때까지 끝까지 인내하게 하옵소서. 또한 저희가 느꼈던 피해의식을 다른 사람에게 동일하게 느끼게 하는 그릇된 행동과 말로 범죄하지 않게 하시고 어디서든 기쁨을 전하는 은혜의 통로가 되게 하옵소서. 이 모든 말씀 예수님의 이름으로 기도드립니다. 아멘.

요한복음 5:7
병자가 대답하되 주여 물이 움직일 때에 나를 못에 넣어 주는 사람이 없어 내가 가는 동안에 다른 사람이 먼저 내려가나이다

과소비를 끊게 하옵소서

우리들에게 욕구와 욕망을 허락하신 주님, 분별의 영을 부어주시니 감사드립니다.

사랑의 주님,

저들의 과다한 욕망을 주님의 이름으로 끊어주시옵소서. 사야할 것과 사지 말아야 할 것을 분별하게 해 주옵시고, 생각하며 소비하게 하옵소서. 남의 돈을 두려워하지 않고 무조건 카드를 쓰고 마는 유아적인 욕망을 씻어주시고, 겉 보기 좋게 꾸미고자 저들의 허세의 욕구를 물리쳐 주옵소서. 생각 없이 소비하는 저들의 탐욕을 예수 보혈의 피로 씻어주시옵소서.

신용불량으로 가계가 무너지고, 자신조차 무너

뜨리는 돈을 타고 들어오는 사단의 권세를 예수님의 권세로 물리쳐 주시옵소서.

저들이 자본주의를 파악하고 분별하여 돈의 유용성을 알아 지혜를 다해 살아가게 하옵소서. 한 번의 실수를 반복하지 않게 하옵시고, 늘 성령의 울타리 안에서 근면함과 절제를 인생의 지혜 삼아, 근검절약하는 삶이 몸에 배이도록 인도하옵소서. 저들의 삶에 회복이 있을 줄 믿사오며 예수님의 이름으로 기도드립니다. 아멘.

> 잠언 28:16
> 무지한 치리자는 포학을 크게 행하거니와 탐욕을 미워하는 자는 장수하리라

게임 중독을
끊게 하옵소서

인간이 게임하도록 창조하신 주님,

게임을 통해 놀 수 있는 은혜를 베풀어주셔서 감사드립니다. 사랑의 주님, 놀면서 긴장을 풀고 기쁨을 누리는 삶이 선한 것일진데, 놀이하고자 하는 그 욕망이 지나쳐 이제 '놀이'가 악한 것이 되어 저희 스스로를 파괴하고 있습니다.

사랑의 주님,

저희를 불쌍히 여기셔서 게임에 빠져드는 지나친 죄 된 쾌락을 끊어 주옵소서. 자기 자신을 다스리지 못하고 이웃과의 관계를 이어나가지 못할 만큼 망령처럼 젖어들고 마는 게임 중독을 끊어 주옵소서. 쾌락적인 성취를 이루고자 하는 마음과 현실을 외면하고 게임 속으로 도피하고자 하는 마음도 예수 보혈로 씻어 주옵소서. 또한 건강한 놀이를 찾지 못하여 심심함을 견디지 못해 게임의 젖고 마는 저희를 불쌍히 여겨주시고, 저희를 죄의 종으로 끌고 가는 사단 마귀의 권세도 물리쳐 주시옵소서.

주님, 회복시켜 주시옵소서. 쾌락의 영은 씻어 주시고 온전히 성령께서 부으시는 거룩한 기쁨의 영이 충만함으로 건강한 일에 빠져 최선을 다하게 하시고 건강한 성취를 이루어 온전한 사회생활을 할 수 있게 역사하여 주옵소서. 예수님의 이름으로 기도드립니다. 아멘.

> 잠언 8:17
> 나를 사랑하는 자들이 나의 사랑을 입으며 나를 간절히 찾는 자가 나를 만날 것이니라

게으름을 끊게 하옵소서

주무시지도 아니하시고 저희를 위해 날마다 부지런히 일해 주시는 주님, 저희가 생각지 아니하고, 움직이지 않고, 해야할 일을 날마다 미루고 마는 저들의 게으름의 영을 예수님 보혈로 끊어 주옵소서.

게으름 속에 지나친 자기애와 이기주의가 있음을 믿습니다. 자신의 일을 누군가가 해결해 줄 것이라는 이기적인 의타심을 주님의 이름으로 끊어 주옵소서.

은혜의 주님,

주님의 영을 부어 주셔서 저들 스스로가 적극적으로 부지런히 문제를 해결해 나아가므로 성취를 체험하게 해주시고, 하고자 하는 의지와 열정을 덧입혀주옵소서. 저들이 하고자 하는 열정의 열매들로 인해 보람을 느끼게 해주시고, 보람찬 일들이 점점 많아져 지난날 게으른 삶이 얼마나 수치고 고통이었는지를 깨닫고 회복하는 삶이 되도록 역사해 주시옵소서.

성실과 근면의 삶이 체화 되어 언제 어디에서나 주님께 영광 돌리는 삶이 되길 원하며 예수님의 이름으로 기도드립니다. 아멘.

잠언 19:15
게으름이 사람으로 깊이 잠들게 하나니 태만한 사람은 주릴 것이니라

완고한 고집을
끊게 하옵소서

주님,

자신의 생각만이 옳다고 믿는 저희의 어리석음을 불쌍히 여기셔서, 스스로도 생각과 마음을 쉽게 바꾸지 못하는 저희의 완고함을 주님께서 끊어 주옵소서.

적당한 고집은 칭찬받을 일이지만, 시행착오를 반복하면서도 완고한 고집을 버리지 못함은 교만이며 무지함임을 저들에게 일깨워 주옵소서.

저들이 전지전능하신 주님의 권세 아래 놓여 있음을 알게 하시고, 자신의 생각을 접고 지혜롭게 타인과 소통하므로 그 안에서 합의하고 합리적인 선택을 내릴 수 있는 은혜를 베풀어 주시옵소서.

그 합리적인 선택에 주님이 주시려고 하는 무궁한 복이 담겨 있음을 믿고 나아가게 하옵소서. 예수님의 이름으로 기도드립니다. 아멘.

> 히브리서 3:8
> 광야에서 시험하던 날에 거역하던 것 같이 너희 마음을 완고하게 하지 말라

미혹의 영을
끊게 하옵소서

주님,

귀가 얇아 세상 사람들의 말 속에 담긴 헛점을 찾아내지 못 하고 무조건 믿어버리고 마는 저희를 불쌍히 여겨주옵소서.

언제나 뱀의 논리로 무장한 세상 악인들의 사기와 음모에 빠지고 마는 저들에게 통찰의 눈을 주셔서 더 이상 악한 미혹의 영에 빠지지 않도록 도와주옵소서.

혹 빠져서 저희가 허우적거리는 삶을 살아가고 있다면 예수 보혈로 미혹의 영을 끊어 주옵소서.

세상 철학과 관념을 우상처럼 받들어 섬기지 말게 하시고, 오히려 이단과 거짓이 난만하는 이

세태에 저희가 그 우위에서 하나님이 누구신지를 정확히 알아 악을 분별하게 하옵시고, 성령께서 동행해 주심으로 언제 어디에서든 세상을 안전하게 살아갈 수 있도록 저희와 동행해 주시옵소서. 예수님의 이름으로 기도드립니다. 아멘.

마가복음 13:5
예수께서 이르시되 너희가 사람의 미혹을 받지 않도록 주의하라

골로새서 3:2
위의 것을 생각하고 땅의 것을 생각하지 말라

무기력을 끊게 하옵소서

주님!
 스스로를 무능력하게 여기며 자책하고, 모든 환경과 상황을 못마땅하게 여기는 저희를 불쌍히 여겨주옵소서.
 주님!
 이런 마음의 올무를 끊어 주시고, 저들이 자유함을 얻게 하옵소서. 생각과 마음의 굴레에서 벗어나 해방되게 하옵소서. 저들의 절규를 들어주시고, 모든 일들이 주님 주신 생각과 마음이 저들의 마음과 하나가 되어 마음먹은 대로 일들이 이루어질 수 있도록 역사하여 주시고, 저들의 자신감이 회복 될 수 있도록 인도하옵소서.

스스로를 살필 수 있는 안목을 갖게 하옵소서. 저들의 마음을 아시고 저들을 감찰하시는 주님께서는 저들이 낙심하며 좌절되었던 순간, 그곳에 함께 계셨을 줄로 믿습니다.

매일 매일 부딪히는 관계 속에서 저들이 성장하고 발전의 기회로 삼게 하옵소서. 자포자기로 다가오는 시간 속에서 헤쳐 나가며 풀어나갈 수 있는 능력과 새 힘을 저들에게 공급하여 주시옵소서.

저들이 하나님의 자녀로 "내게 능력 주시는 자 안에서 나는 모든 일들을 할 수 있습니다."를 외치며 승리하게 하옵소서. 예수님의 이름으로 기도합니다. 아멘

> **이사야 40:29~31**
> 피곤한 자에게는 능력을 주시며 무능한 자에게는 힘을 더하시나니 소년이라도 피곤하며 곤비하며 장정이라도 넘어지며 자빠지되 오직 여호와를 앙망하는 자는 새 힘을 얻으리니 독수리의 날개 치며 올라감 같을 것이요 달음박질하여도 곤비치 아니하겠고 걸어가도 피곤치 아니하리로다

무능력을
끊게 하옵소서

피곤한 자에게 능력을 주시며 무능한 자에게 힘을 더하시는 주님, 주님의 이름으로 저희의 무능력을 끊어 주옵소서. 자신을 할 수 없다고 여기는 열등감도 끊어 주시고, 게으름도 끊어 주옵소서. 새로운 모험을 항상 겁내는 두려움도 끊어주옵소서.

예수님의 이름으로 명하노니,
저희에게 자리 잡은 무능은 끊질지어다.

저들이 전지전능하신 주님의 권세를 믿고 나아가는 믿음의 은사를 더하여 주옵소서.

믿는 자 안에서 능치 못함이 없다고 말씀해 주신 주님, 주님께서 한 가지 능력을 주셨음을 믿습니다. 하나님과의 관계에서 스스로 한 가지 능력을 발견하고 찾을 수 있게 인도하옵소서.

한 가지 능력을 발견하므로 용기와 담대함을 주실 줄 믿습니다. 자신감이 회복될 줄 믿습니다. 주님의 이름으로 자신의 능력을 마음껏 펼쳐나갈 줄 믿습니다. 예수님의 이름으로 기도드립니다. 아멘.

> **마태복음 17:20**
> 만일 너희에게 믿음이 겨자씨 한 알 만큼만 있어도 이 산을 명하여 여기서 저기로 옮겨지라 하면 옮겨질 것이요

의심을
끊게 하옵소서

 믿음의 주님,

 의심의 망령들이 들러붙어 스스로도 평안을 누리지 못하는 저들을 불쌍히 여겨주옵소서. 가족뿐만 아니라 이웃과도 평안한 관계를 이루어 나아가지 못하는 저들의 불행을 주님께서 끊어주옵소서.

 예수님의 이름으로 명한다.

 저들의 마음 깊은 곳에 담긴 신뢰함으로 인해 받은 불신의 상처들은 씻어지고 의심의 망령들은 지옥으로 떠나갈지어다.

의심으로 인해 모든 관계를 불화하게 만드는 마귀의 권세는 도말될지어다.

믿음의 주님,
저들의 믿음을 회복시켜주실 줄 믿습니다. 믿음으로 말미암아 구원의 문 앞에 나와 주님을 신뢰하므로 마음의 평안과 이웃과의 화평을 이루며 천국의 삶을 이루어 나갈 줄 믿습니다. 예수님의 이름으로 기도드립니다. 아멘.

> **로마서 15:1**
> 믿음이 강한 우리는 마땅히 믿음이 약한 자의 약점을 담당하고 자기를 기쁘게 하지 아니할 것이라

지나친 권위를
끊게 하옵소서

주님,

지나친 권위는 곧 억압이며 폭력임을 저들이 깨닫게 해주옵소서. 권위를 세우는 일은 참으로 중요하지만, 그 권위가 지나치면 스스로의 존경을 깎아내고 온 가족의 자유함을 망가뜨리며, 골방으로 외로이 들어가게 하는 악한 사단의 권세임을 깨닫게 하옵소서.

사단의 악한 권세를 예수님의 이름으로 끊어주시옵소서, 권력을 누리고자 하는 이기적인 욕망 뒤에 자신의 수치와 열등함을 감추기 위한 것임을 깨닫게 하옵시고, 온전히 자신의 수치를 들고 주님께 나아가 치유함을 받을 수 있도록 인도하옵소서.

권위를 가장한 교만함을 주님의 이름으로 끊어 주옵소서. 예수님의 권위처럼 저들이 먼저 섬기고, 먼저 솔선하여 자신을 내어주므로, 모두에게 존경과 인정을 받을 수 있는 아름다운 권위가 될 수 있도록 성령님께서 동행해 주시옵소서.

저희의 권위 아래 가족 속에 평화롭고 화평한 질서체제가 잡힐 줄 믿습니다. 그 속에 하나님의 권위가 바로 서 있는 아름다운 가정이 만들어 질 줄 믿습니다. 예수님의 이름으로 기도드립니다. 아멘.

베드로전서 2:11
사랑하는 자들아 거류민과 나그네 같은 너희를 권하노니 영혼을 거슬러 싸우는 육체의 정욕을 제어하라

자기 허위를 끊게 하옵소서

주님,

허위의 망령에 사로 잡혀 스스로를 속이고 이웃을 속이고 있다는 것을 지각하지 못하는 저들을 불쌍히 여겨 주시고, 스스로를 속이는 자기 허위를 주님의 이름으로 끊어 주옵소서. 거짓말을 입에 달고 사는 저희의 마음속에 담긴 거짓의 영을 예수 보혈로 씻어주옵소서.

과대욕망과 과대망상을 주님의 이름으로 끊어 주시옵소서. 언제나 상상과 실재를 구분할 수 있는 분별력을 허락하옵시고, 지나친 욕망을 버리고 현실을 인정할 수 있는 겸손한 삶을 살아갈 수 있도록 인도하옵소서.

거짓의 권세가 확산되어 온 가족을 괴롭히고, 이웃을 괴롭히는 독임을 저들이 깨달을 수 있게 인도하옵소서, 스스로가 허위를 결단하고 정직한 영을 회복할 수 있도록 성령께서 역사하여 주옵소서. 예수님의 이름으로 기도드립니다. 아멘.

마가복음 10:14
예수께서 보시고 노하시어 이르시되 어린 아이들이 내게 오는 것을 용납하고 금하지 말라 하나님의 나라가 이런 자의 것이니라

담배를
끊게 하옵소서

　사랑의 주님,

　담배가 저희의 건강을 헤치며, 남의 건강까지 헤치는 독임을 깨달아 담배를 끊을 수 있도록 인도하옵소서. 감정과 생각을 모두 마비시켜 온 육신을 중독으로 빠져들게 한 담배의 기운을 주님, 씻어주시고, 물리쳐 주옵소서.

　저희가 담배를 안 피운다는 결단과 함께 주님의 이름으로 끊겠다 선포하는 믿음을 갖게 하옵소서. 믿음을 실천하여 자신의 불안한 마음을 담배에 의지하지 말게 하옵시고, 성령의 도우심으로 인해 담배를 피우는 것이 죄임을 알게 해주시고, 담배로 인해 악한 기운을 몸속에 불러들이는 어리석음을 범치 않도록 역사하여 주시옵소서.

  온전한 믿음으로 육신을 정결히 씻어주시고, 의지로도 하기 어려운 담배를 성령님의 인도하심으로 끊을 수 있게 인도하옵소서. 영육이 회복되며, 가족의 건강까지 회복시키는 역사가 일어나게 하옵소서. 예수님의 이름으로 기도드립니다. 아멘.

디모데후서 3:15
어려서부터 성경을 알았나니 성경은 능히 너로 하여금 그리스도 예수 안에 있는 믿음으로 말미암아 구원에 이르는 지혜가 있게 하느니라

마마보이와 마마걸 기질을 끊게 하옵소서

사랑의 주님,

육체는 떠나 있으나 마음은 여전히 부모의 그늘 아래 놓여 스스로가 해야할 일을 하지 않고 늘 부모에게 의지하고 마는 저들의 인간적인 연약함을 불쌍히 여겨주시고, 저들이 성경 말씀처럼 부모를 떠나 부부가 한 몸이 되라는 독립의 의미를 되새기며, 늘 부모 곁에 머무르려는 저희의 마마보이와 마마걸이라는 유아적 기질을 주님께서 끊어 주시옵소서.

저희가 경제적인 독립을 해나갈 수 있게 인도하옵소서. 경제적인 독립으로 인해 스스로가 성취감을 맛보게 하시며, 물질을 스스로 잘 관리하므로 부유함도 얻게 하시며, 부모를 공경하고 부모를 긍휼히 여기며 품어 안는 독립된 어른이 되어 갈 줄로 믿습니다. 예수님의 이름으로 기도드립니다. 아멘.

> **잠언 23:25**
> 네 부모를 즐겁게 하며 너를 낳은 어미를 기쁘게 하라

우울함을 끊게 하옵소서

주님!

저희의 감정에 묶여 조절 없이 깊이 미궁으로 빠져드는 무거운 마음을 끊어 주시옵소서. 삶의 흥미를 잃어버린 무의미함을 끊어 주시옵소서.

주님,

인간관계에서 벌어지는 서운함들을 풀어내지 못하고 자꾸 마음에 담아두는 저희의 소심한 삶의 태도와 스스로 위축되어가는 두려움을 예수님의 이름으로 끊어 주시옵소서. 우울함을 감추기 위해 자신을 포장하고자 하는 허위도 끊어 주시옵소서.

주님!

불쌍히 여겨주시옵소서. 저들이 자신들의 아픔을 들고 하나님을 바라보며 나아가게 하옵소서. 그 어떤 악한 권세도 저희를 좌지우지 할 수 없음을 선포합니다.

그 어떤 것들에 의해서도 휘둘리지 아니하며 주의 말씀만이 저희를 주장하기 원합니다. 저희가 우울이라는 심리적 독감에서 해방되게 하시옵소서. 평정심을 유지하며 저희가 영적으로 정신적으로 심리적으로 평안함을 주시고 육신의 건강함을 유지하도록 인도하옵소서.

언제 어디에서나 인격의 온전함으로 화평하게 살아갈 수 있도록 인도하여 주실 줄 믿사오며, 예수님의 이름으로 기도드립니다. 아멘.

빌립보서 4:6~7
아무것도 염려하지 말고 오직 모든 일에 기도와 간구로 너희 구할 것을 감사함으로 하나님께 아뢰라 그리하면 모든 지각에 뛰어난 하나님의 평강이 그리스도 예수 안에서 너희 마음과 생각을 지키시리라

두 사람이 한 사람보다 나음은
그들이 수고함으로 좋은 상을 얻을 것임이라
혹시 그들이 넘어지면
하나가 그 동무를 붙들어 일으키려니와
홀로 있어 넘어지고 붙들어 일으킬 자가 없는 자에게는
화가 있으리라
또 두 사람이 함께 누우면 따뜻하거니와
한 사람이면 어찌 따뜻하랴
한 사람이면 패하겠거니와
두 사람이면 맞설 수 있나니
세 겹 줄은 쉽게 끊어지지 아니하느니라

(전 4:9~12)

Chapter 6

진실한 사랑이 넘치는 형제를 위한 기도문

형제지간의 우애가 넘쳐나게 하소서

자녀를 주신 하나님, 주님 안에서 한 가족이 되어 서로 사랑하고, 화목할 수 있게 하시니 감사드립니다. 가정을 통해 주시는 하나님의 복으로 더욱 풍성한 가정이 되게 하소서.

자녀에게 형제와 자매를 주신 주님, 주님 안에서 서로 사랑하며 살아가게 하소서. 형제간에 우애를 주시고, 자매간에 기쁨을 주심으로 항상 주님의 사랑이 넘쳐나는 가정이 되게 하여 주소서.

주님, 저희 자녀가 형제자매간에 서로의 허물을 덮어주고 상대방의 입장을 더 많이 배려하는 마음 갖게 하소서. 자녀들끼리 가정의 질서를 인정하고 웃어른을 공경하게 하옵소서. 무엇보다 자녀들에게 하나님을 섬기는 열심을 주소서.
    자녀들의 마음 중심에 언제나 주님이 계심으로 철저히 주님의 인도하심을 받는 형제자매가 되기를 원합니다. 그래서 형제자매를 먼저 돌보며 어려움에 처할 때 아낌없이 서로를 도울 수 있게 하소서. 서로 불화하는 일을 막아 주시고, 설령 다툼이 있다하더라도 기도를 통해 해결해가는 형제자매지간이 되도록 축복하여 주옵소서.
    예수님의 이름으로 기도합니다. 아멘.

로마서 15:1~2
우리 강한 자가 마땅히 연약한 자의 약점을 담당하고 자기를 기쁘게 하지 아니할 것이라 우리 각 사람이 이웃을 기쁘게 하되 선을 이루고 덕을 세우도록 할지니라

형, 누나, 언니의 권위를 인정하게 하옵소서

은혜가 충만하신 하나님 아버지,

우리말 속담에 형 만한 아우가 없다는 이야기가 있습니다. 동생이 아무리 지식과 지혜와 사랑이 있더라도 큰 자식의 내면에 자리를 잡고 있는 부모님과 형제자매를 생각하는 *끈끈한* 정은 동생이 따라올 수 없는 일임을 주님께서 아실 것입니다.

사랑의 하나님 아버지,

하나님께서는 만일 네 형제가 네게 죄를 짓거든 가서 단 둘이 있을 때에 잘못을 지적하여라. 만일 네 말을 듣지 않으면 한두 사람을 데리고 다시 가거라. 그래도 듣지 않거든 교회에 가라고 말씀하셨습니다.

  동생들이 형과 언니의 마음을 이해하고 그 권위를 인정하게 하옵소서. 그 권위를 인정받으므로 그만큼 사랑의 마음으로 책임과 의무를 다하는 삶을 살아갈 수 있도록 인도하옵소서. 서로의 권위를 인정하고 순복할 때 가정의 질서와 평화가 유지됨을 믿습니다.

  예수님의 이름으로 기도드립니다. 아멘.

예레미야 애가 3:25~26
기다리는 자들에게나 구하는 영혼들에게 여호와는 선하시도다 사람이 여호와의 구원을 바라고 잠잠히 기다림이 좋도다

동생들에게 책임을 다하고
사랑을 전하는 자 되게 하옵소서

사랑과 은혜가 충만하신 하나님 아버지,

하나님께서는 장자들에게 축복하시고 권위도 인정하셨습니다. 과거에 믿지 않는 가정도 장자는 부모님으로부터 축복을 받아 부모가 돌아가시면 형과 언니가 부모 대신에 가정을 책임지고 꾸려나가고 있습니다.

가정이 분리된 지금 동생들이 형, 언니들에게 순종하지 않고 형, 언니들은 또한 동생들에게 책임을 다하지 못하고 있습니다.

하나님 아버지,

형, 언니들이 동생들에게 책임을 다하며 동생들에게 사랑과 긍휼의 마음을 품게 하시며, 동생들을 잘 지도해 나아갈 수 있도록 인도하옵소서.
 또한 형, 언니들의 이 마음 때문에 부모가 없어도 이 땅에서 서로가 서로를 사랑으로 품고 살아가는 아름다운 가족 공동체가 되게 하옵소서. 예수님의 이름으로 기도드립니다. 아멘.

이사야 14:24
만군의 여호와께서 맹세하여 이르시되 내가 생각한 것이 반드시 되며 내가 경영한 것을 반드시 이루리라

가족의 긍지를
갖게 하옵소서

사랑의 주님,

저희에게 서로 사랑할 수 있는 형제와 자매를 허락하신 주님을 찬양합니다. 저희 형제자매가 늘 주님 안에서 근면하고 성실하며 정직하게 살아온 우리 가정에 자부심과 긍지를 갖고 살아가게 하옵소서.

그로 인하여, 스스로 정체성이 확립되며, 높은 자존감으로 어디를 가나 흔들림 없이 그리스도의 사랑 안에서 굳건히 살아가게 하옵소서.

저희가 서로를 자랑스럽게 생각하게 하시며, 힘들 때나 어려울 때 하나 되어 사랑으로 연합할 수 있는 가족에게 감사하며, 소중히 여기는 마음을 갖고 살아갈 수 있도록 인도하옵소서.

 때로 다툼과 회의가 있을 수 있을 것입니다. 그럴 때마다 주님의 십자가를 생각하며 함께 어려움을 극복해가며 마음을 나눌 수 있도록 도와주옵소서. 어디에 있든지 저희는 한 가족이고 형제요 자매입니다. 서로를 향한 진실이 변질되지 않게 하시고 항상 위하여 기도할 수 있도록 도와주옵소서. 사랑이 많으신 예수님의 이름으로 기도드립니다. 아멘.

야고보서 1:12
시험을 참는 자는 복이 있나니 이는 시련을 견디어 낸 자가 주께서 자기를 사랑하는 자들에게 약속하신 생명의 면류관을 얻을 것이기 때문이라

형제자매의 결혼생활을 축복해 주옵소서

은혜의 주님,

저희의 결혼생활을 축복해 주시옵소서. 부부가 서로의 차이를 인정하며 사랑으로 묶이게 하옵시고, 자녀의 복도 주셔서 자손의 대를 이어 나가기게 부족함이 없도록 육체의 건강함과 정신적인 성숙함을 겸비할 수 있게 인도하옵소서.

물질의 복을 주셔서 물질 때문에 불화하지 않게 하시고, 지나친 부유함으로 교만해지지 않게 하옵시며, 서로 노력하여 살아가며 어려운 일이 닥칠 때 힘이 되게 하시고 주 안에서 순종하여 주님이 주시는 행복과 평안을 누리고 나눌 수 있도록 도와주옵소서.

온전히 주님 안에서 모든 것이 적당함으로 풍요를 누릴 수 있게 하옵소서, 그래서 누가 보아도 닮고 싶은 아름다운 크리스천 가정을 꾸려 나갈 수 있도록 형제자매의 결혼생활을 축복해 주시옵소서.

예수님의 이름으로 기도드립니다. 아멘.

고린도후서 9:7
각각 그 마음에 정한 대로 할 것이요 인색함으로나 억지로 하지 말지니 하나님은 즐겨 내는 자를 사랑하시느니라

서로의 죄를 내려놓고
회개하는 형제가 되게 하옵소서

회개를 기뻐 받으시는 주님,

죄와 허물로 인한 멸망에서 구원받을 수 있는 길은 오로지 주 앞에 회개하는 것임을 믿습니다. 저희 형제가 죄를 가슴에 두고 가식적인 얼굴로 마주보지 않게 하시고 마음을 열어 서로 주 앞에 죄를 회개하며 주 안에서 하나 되게 하옵소서.

"실로암 망대가 무너져 치어 죽은 사람이 다른 모든 사람보다 죄가 더 있는 줄 아느냐 너희에게 이르노니 아니라 너희도 만일 회개치 아니하면 다 이와 같이 망하리라"(눅 13:4)고 말씀하셨습니다.

긍휼이 풍성하신 하나님.

저희 형제가 죄를 지었을 때 바로 회개할 수 있는 은혜를 허락하여 주옵소서. 하나님 나라의 백성이 되었사오니 하나님께서 인도하시는 길로 들어서기를 더욱 힘쓰게 하옵소서.

또한 자기의 삶보다 주를 더욱 사랑하게 하시고 제 십자가를 거부하지 않고 주님을 따를 수 있게 하여 주옵소서.

저희 형제가 언제나 주 앞에서 회개함으로 그리스도인의 참 삶을 살게 하시고 이웃들에게 정말 좋은 형제로 모범이 되게 하여 주께 영광 돌리게 하여 주옵소서. 그리하여 그리스도인이라는 복되고 아름다운 이름에 합당한 삶을 살게 하여 주옵소서.

예수님 이름으로 기도합니다. 아멘.

누가복음 5:32
내가 의인을 부르러 온 것이 아니요 죄인을 불러 회개시키러 왔노라

평화로운
형제가 되게 하옵소서

평안을 주시는 주님,

저희로 하여금 그리스도를 주인으로 모시는 가정을 이루게 하심을 감사드립니다. 세상의 재물보다 주님의 뜻을 소중히 여김으로 바른 삶을 살게 하옵소서. 먼저 저희 형제가 영적 무지와 나태 그리고 게으름에 빠지지 않게 하옵소서.

거룩하신 주님.

저희 형제가 날마다 자신을 돌아볼 수 있는 시간을 허락하시고 주님의 인도하심에 순종할 수 있도록 도와주옵소서.

편을 가르고 부수는 것은 하나님의 방법이 아닐 것입니다. 저희 형제로 인하여 가정이 더욱 화목하게 하시고 서로 뜨겁게 사랑하게 하옵소서.

  주님의 평안이 저희에게 임하여 은혜와 감사 속에서 살게 하옵소서. 매일매일 주님을 예배하며 형제를 격려하며 사랑을 나누는 삶이 되게 하옵소서. 저희에게 서로 의지할 형제를 허락하심을 감사드리며 예수님 이름으로 기도합니다. 아멘.

시편 27:1
여호와는 나의 빛이요 나의 구원이시니 내가 누구를 두려워하리요 여호와는 내 생명의 능력이시니 내가 누구를 무서워하리요

형제를 돌보며
배려하게 하옵소서

삶의 주인이신 주님,

저희에게 가정을 허락하시고 함께할 형제를 주심을 감사드립니다. 간구하옵기는 저희가 좀 더 좋은 형제가 되어 서로 말씀으로 위로하고 격려하는 사랑을 갖게 하여 주옵소서. 언제나 진실로 대하게 하시고 말과 행실에 있어서 경건한 삶의 본을 서로 보이게 하여 주옵소서.

저희가 형제라지만 서로 이해할 수 없는 때도 많습니다. 그럴 때 더 넓은 마음을 허락하시고 인내로 듣게 하시어 서로의 말을 중단시키거나 반대하지 않게 하옵소서. 서로 친절하고 배려하는 온유함을 갖게 도와주시옵소서.

서로의 실수와 연약함에 대해서 비웃지 않게 하시고 책망하지도 말게 하여 주옵소서.

눈에 거슬리는 행동을 한다 해도 면박을 주거나 핀잔을 주지 않게 하여 주옵소서. 저희의 혈기 때문에 서로 얼굴 붉히는 일이 없게 하시고 서로를 위해 기도하며 사랑으로 대해 주님의 사랑을 이루게 하여 주옵소서.

저희가 모두 하나님의 아들을 믿는 것과 아는 일에 하나가 되어 온전한 사람을 이루어 그리스도의 장성한 분량이 충만한 데 까지 이르게 하옵소서.

예수님 이름으로 기도합니다. 아멘.

베드로후서 1:7
경건에 형제 우애를 형제 우애에 사랑을 더하라

너는 마음을 다하고 뜻을 다하고 힘을 다하여
네 하나님 여호와를 사랑하라
오늘 내가 네게 명하는 이 말씀을
너는 마음에 새기고
네 자녀에게 부지런히 가르치며
집에 앉았을 때에든지 길을 갈 때에든지
누워 있을 때에든지 일어날 때에든지
이 말씀을 강론할 것이며
너는 또 그것을 네 손목에 매어 기호를 삼으며
네 미간에 붙여 표로 삼고
또 네 집 문설주와 바깥 문에 기록할지니라

(신 6:5~9)

Chapter 7

나를 내려놓는 회개기도문

하나님의 가정 십계명

1. 하나님의 축복으로 만들어진 가정임을 늘 기억하며 감사하라.
2. 사랑을 최우선으로하여 믿음으로 하나가 되도록 하라.
3. 가정에 주님이 함께 하시는 시간을 가지라.
4. 각자 맡은 책임에 최선을 다하라.
5. 하루에 한 번 이상 가정을 위하여 기도하라.

6. 하루에 한 가지 이상 칭찬하라.
7. 긍정적인 언어를 사용하라.
8. 자신의 잘못을 인정하라.
9. 비판을 할 때 사랑으로 하라.
10. 화난 채 잠자리에 들지 마라.

무능력하다 무시했던 것을
용서해 주옵소서

우리를 사랑으로 품어 안아주시는 주님,

회개할 마음과 기도를 드리게 해주시니 감사드립니다. 주님, 주님 앞에 바다와 같은 은혜를 덧입었음에도 불구하고, 저는 그 은혜와 사랑은 전하기는 커녕 오히려 남편의 모든 말을 무시하고 남편 위에 서서 남편을 지배하려했던 저의 죄악을 예수 보혈의 피로 씻어주시옵소서.

남편을 주님의 사랑으로 품지 못한 채, 남편이 행한 반복된 실수를 질책하고 곱씹으며 남편에게 분노를 품었던 저를 용서해 주시옵소서.

모든 능력과 힘이 주님께로부터 온 것임을 알고 있음에도 불구하고, 제 삶 속에서 남편에게 기름 부어주시는 능력과 지혜를 온전히 주님께 구하지 못하였습니다. 그저 오랜 세월 세상적이고도 육적으로만 남편을 바라보고 세상에서 원하는 능력을 갖추라고 채근했던 저를 용서해 주시옵소서. 그래서 더욱 남편을 지치게 했던 저를 용서해 주시옵소서.

이제 주님께 나아가오니 성령께서 저를 사로잡아주시고, 이제 결단합니다. 제 입술에서 더 이상 남편을 무시는 마음과 입술을 통해 나오는 모든 죄악 된 언어들을 예수 보혈의 피로 씻어주시옵소서. 남편의 모든 능력과 권세가 주님을 경외할 때 오는 하늘의 축복임을 전하게 하옵소서. 이제 날마다 남편을 축복하기를 원하오니 성령께서 저와 매순간 함께 하여 주옵소서. 예수님의 이름으로 기도드립니다. 아멘.

> 에베소서 6 : 2
> 네 아버지와 어머니를 공경하라 이것은 약속이 있는 첫 계명이니

마음의 욕설을 품고 내뱉었던 죄를 용서하여 주옵소서

언제나 우리의 상처를 품어 안아 주시는 보혈의 주님,

가족으로부터 받은 깊은 상처로 인해 제 마음속에 독이 충만해 있음을 고백합니다. 이 독을 다스리지 못하여 마음에 욕을 품고 살아가는 저의 죄를 용서하여 주옵소서. 가족에게 욕을 내 뱉어야만 속이 후련한 저 자신을 바라볼 때 무기력하기 그지없습니다.

사랑의 주님,

저를 불쌍히 여기시어 제 안에 뱀처럼 박혀 있는 분노와 증오심으로 꽃피워진 욕설의 독을 주님 보혈의 피로 씻어 주시고, 회개하오니, 저를 붙잡아 주옵소서.

제 속에서 터져 나왔던 부정적인 욕설에 상처 받은 저의 가족과 이웃을 긍휼히 여겨 주옵소서. 제 욕설이 그들의 삶을 망가뜨리는 사단의 권세가 되지 아니하도록 가족과 이웃의 삶을 지켜 보호하여 주옵소서. 내면의 상처로 인한 그 독을 세상에 뿜어내기보다 이제 하나님 앞에 들고 나아갑니다. 자복하고 회개하오니 성령의 불로 태워 주시고. 이제는 돌이켜 제 자신과 이웃을 사랑할 수 있는 능력을 베풀어 주시기를 원합니다.

　사랑은 이웃에게 악을 행치 아니한다고 말씀해 주셨습니다. 예수 그리스도, 주님의 사랑을 덧입혀 주시고, 그 속에서 사랑의 능력이 나타나 제 속에 독이 녹아내리고 가족과 이웃에게 전이된 악이 허물어지고 덮어져 사랑의 열매들이 맺어질 수 있도록 인도하여 주옵소서. 사랑의 열매로 언제나 저와 제 가족과 이웃이 평강 가운데 거하며 온전한 삶을 살아가도록 축복해 주시옵소서. 예수님의 이름으로 기도 드립니다. 아멘.

> 시편140 : 3
> 뱀 같이 그 혀를 날카롭게 하니 그 입술 아래에는 독사의 독이 있나이다

대화를 거부했던 제안의
이기심을 용서해 주옵소서

　제 안에 선한 기질과 성품을 허락하신 주님, 은혜와 사랑을 감사드립니다.
　주님, 그러나 때때로 본능적인 것에 묶여 이기적으로 살아가는 제 자신을 들여다봅니다. 화가 나면 화에 묶여 소용돌이치는 그 감정으로 인해 아무도 바라보지 않고, 가족 중 어느 누구와 대화하지 않고 오직 제 자신만 보게 되는 이기심을 용서하여 주옵소서. 이기심이 죄로 인한 것임을 깨닫지 못하고, 제 감정을 받아주지 못하는 가족에 대한 서운함으로 인해 대화를 단절하며 화를 풀어내는 저의 표독스러움을 용서하여 주옵소서.
　긍휼의 주님,
　제 자아로 똘똘 뭉쳐 한 발짝도 주님 앞에 나아

가지 못하고 가족에게도 나아가지 못하는 어린 아이 수준에 멈춰 있는 저를 용서하여 주옵소서.

저를 불쌍히 여겨 주옵소서. 어린 아이 같은 저의 이기심을 성령의 불로 태워 주시고 극복하게 하옵소서. 하나님 말씀 앞에 바로 서서 말씀이 박혀 말씀대로 살아가는 성숙한 그리스도인이 될 수 있도록 인도하여 주옵소서.

제 안에 있는 악한 이기심이 자녀들에게 유전되지 아니하도록 보혈의 피로 끊어 주시고, 이기심을 이용하고 인간적인 것을 이용하는 사단의 권세에 묶이지 않게 성령의 벽으로 둘러 쳐 주옵소서.

매 순간 주님에 붙들려 오직 하나님이 주신 그리스도의 선한 성품에 길들여져 하나님 앞에 순종하며 가족들 앞에 온화하고 따뜻하며 자상한 엄마로서, 아빠로서 또한 주님의 자녀로서 살아갈 수 있도록 인도하여 주옵소서. 예수님의 이름으로 기도드립니다. 아멘.

> 에스겔 11:19
> 내가 그들에게 한 마음을 주고 그 속에 새 영을 주며 그 몸에서 돌 같은 마음을 제거하고 살처럼 부드러운 마음을 주어

이중적으로 행동했던
죄를 용서하여 주옵소서

공의로우신 하나님,

한 가지 마음으로 가족을 섬기라 말씀하여 주심에 감사드립니다.

하지만 주님, 주님의 말씀에 순종하지 아니하며 손바닥 뒤집듯 요동치는 이 마음을 붙잡지 못하고 제 필요와 욕구에 따라 이중적으로 가족을 대했던 죄를 용서하여 주옵소서.

가족은 당연히 저의 필요를 채워 주워야 하는 대상으로 알았음을 고백합니다. 돌처럼 굳은 짐승 같은 잘못된 제 중심의 생각과 마음을 용서하여 주옵소서.

부디 성령께서 새 영을 부어 주셔서 돌처럼 굳

은 제 마음을 제거하여 주옵시고, 살처럼 부드러운 마음을 주셔서 받기만 하려는 이기적인 사랑을 버리고 가족을 진심으로 섬기며 사랑하는 삶을 살게 하옵소서.

주님,

주님의 공평하신 공의의 눈을 제가 뜨게 하옵소서. 주님의 뜻은 합력해서 선을 이루는 삶임을 깨달아 알게 하시며, 가족 모두가 함께 행복할 수 있는 공의로운 선택을 내릴 수 있도록 지혜를 주옵소서.

주님께서 모두를 사랑하심에 그 사랑을 인정하게 하시고, 주님을 향한 두려움으로 인해 두 마음을 품는 것이 죄임을 깨달아 알게 하옵소서, 온전히 하나의 마음으로 주님을 경외하고, 가족에게 최선을 다하게 하옵소서.

예수님의 이름으로 기도드립니다. 아멘.

> **다니엘 4:16**
> 또 그 마음은 변하여 사람의 마음 같지 아니하고 짐승의 마음을 받아 일곱 때를 지내리라

부모를 공경하지 않은 저의 교만한 죄를 용서하여 주옵소서

은혜의 하나님,

나이가 들어서도 부모는 늘 저를 챙겨주며, 인도해 주어야 하는 것으로 여겨 부모를 떠나지 못하는 어린 아이와 같은 미성숙한 죄인을 용서하여 주옵소서.

부모에게 사랑을 받을 줄만 알았지, 사랑을 줄 줄 모르는 이 죄인을 용서하여 주옵소서.

부모를 사랑하라 말씀하지 않으시고 부모를 공경하라 말씀하신 주님, 부모를 향한 공경은 사람을 공경하고 형제를 사랑하는 일의 시작임을 깨닫게 해주셔서 감사드립니다.

하나님의 마음을 품고 부모님께 예의를 다하게 하시고, 진심어린 사랑과 배려로 부모님을 소중히 여기며 아끼어 부모께 순종하는 것이 하나님을 순종하는 것이 되게 하옵소서.

이 순종이 하나님께 쌓이는 귀한 상급임을 믿습니다. 제가 하지 못할 때에 성령께서 손잡아 주시며 성령의 인도하심으로 굳건히 나아가 공경의 삶을 살아가도록 인도하여 주시옵소서.

예수님의 이름으로 기도드립니다. 아멘.

베드로전서 2:17
뭇 사람을 공경하며 형제를 사랑하며 하나님을 두려워하며 왕을 존대하라

완악한 고집을
용서하여 주옵소서

가정이 그리스도의 작은 공동 체임을 깨닫게 해주시는 주님, 감사드립니다. 선하시고 인자하신 주님의 마음으로 이 가정을 이끌어 갈 때에 인도해 주실 줄 믿습니다.

사랑의 주님,

그 동안 가족들에게 행했던 지나친 저의 고집을 용서하여 주옵소서. 가족들이 나의 권위를 인정해 주지 않았을 때에 그 권위를 인정받기 위해 말도 안 되는 고집을 부리며 가족을 힘겨운 시간 속으로 몰아넣었던 죄들을 용서하여 주옵소서. 고집이 곧 완악함이었음을 알지 못하고 내 의견대로 온 가족이 따라와 주기만을 바랐던 저의 어리석음과 무지함을 용서하여 주옵소서.

  책임을 다하지 못하면서도 아들이라는 이유로, 남편이라는 이유로, 엄마라는 이유로 부렸던 고집 속에 저의 이기주의와 지나친 욕심이 도사리고 있었음을 고백하나이다.

  이후로는 하나님이 주신 분별력으로 저희의 내면을 바라보게 하시고, 스스로의 감정에 묶여 가족을 바라보는 어리석음을 범치 않도록 인도하여 주옵소서.

  언제나 자기반성이 일상이 되어서 내 것은 내려놓고 겸손히 가족의 감정을 여유롭고 따스한 마음으로 바라보게 하옵소서. 미움을 품어 안고 이해하므로 가족을 하나로 화합시킬 수 있는 아름다운 공동체를 이루어 가게 하옵소서.

  예수님의 이름으로 기도드립니다. 아멘.

로마서 2:5
네 고집과 회개하지 아니한 마음을 따라 진노의 날 곧 하나님의 의로우신 심판이 나타나는 그 날에 임할 진노를 네게 쌓는도다

허위와 거짓된 죄를
용서하여 주옵소서

날마다 정직한 영을 부어 주셔서 우리를 새롭게 해주시는 주님, 위선과 거짓을 일삼는 저희를 구원해 주셔서 감사드립니다.

사랑의 주님,

지나친 물질에 대한 욕망, 무엇이든 잘하고자 하는 지적 욕망, 이 욕망이 날마다 저를 과대망상으로 이끌어 거짓 인생을 살아가는 제 자신을 볼 때, 제 안에 얼마나 많은 허위와 거짓이 도사리고 있는지를 깨닫게 됩니다.

은혜의 주님,

가족 앞에서조차도 저의 연약함을 솔직히 내어놓고 정직하게 제 감정을 말하는 것이 참으로 힘겨운 일이었음을 고백합니다. 가족은 저의 연약함도, 저의 강함도 인정하고 받아주는 사람들임에도 불구하고 힘 있고 좋은 것만을 보여주려는 거짓된 행동이 가족을 향한 기만이었음을 고백합니다.

가족에게 상처주지 아니하고 제 감정을 솔직하게 말하는 능력을 덧입혀 주시고, 가족의 거짓된 행동 속에 담긴 그 마음을 이해하므로 보듬어 안아 줄 수 있는 능력을 덧입혀 주실 줄 믿습니다.

짜증을 짜증으로 보지 않게 하시며, 걱정을 걱정으로만 보지 말게 하시며, 그 속에 담긴 가족들의 마음을 헤아려 가족의 악함은 끊어 내는 분별력과 지혜를, 선한 마음은 격려와 위로를 아끼지 아니하는 사랑의 마음을 허락하여 주옵소서.

선하신 주께서 저희 가족을 이끌어 귀한 역사의 증인으로 삼아주실 것을 믿고, 예수님의 이름으로 기도드립니다. 아멘.

시편 101:7
거짓을 행하는 자는 내 집 안에 거주하지 못하며 거짓말하는 자는 내 목전에 서지 못하리로다

무분별한 체벌을 행했던 것을 용서하여 주옵소서

자식을 사랑하며 근실히 징계하라 말씀하신 주님, 자녀를 어떻게 사랑해야 하는지 가르쳐 주셔서 감사합니다.

사랑의 주님,

주님께서는 원칙을 갖고 성실히 이성적으로 징계하라 말씀하셨음에도 불구하고 자녀에게 화난 감정을 다스리지 못하고 무분별하게 체벌을 행했던 것을 용서하여 주옵소서. 대화하고 타협하기보다 때리는 것으로 자식의 행동을 빠른 시간 교정하려 했던 무지함을 용서하여 주옵소서. 제 속에 스트레스를 스스로 감당하지 못하고 남편에 대해, 아내에 대해 갖는 그 불만을 연약한 자식에게 쏟아 놓은 것을 용서하여 주옵소서. 제 마음 밑바닥에 자녀가 주님께서 주신 선물이며 주님의 온전하신 인격체임을 앎에도 불구하고 끝없이 자식을 소유물로 여긴 것을 용서하여 주옵소서. 주님의 영향력이 아닌 저의 영향력 아래 자녀를 두려했던 이 어리석음과 교만함을 용서하여 주옵소서.

이제 자녀를 주님께 내려놓습니다. 저의 소유가 아닌 제게 맡겨진 주님의 자녀임을 깨닫게 하시고, 온전히 근실히 자녀를 위해 기도하는 부모가 되게 하옵소서. 자녀의 잘못된 습관과 말과 행동이 교정되기까지 늘 주님께 기도하며 나아가게 하옵소서. 주님께서 이루어 가실 자녀의 미래를 향한 비전을 위해 믿고 바라며 기도하는 주님의 시간들을 기쁘게 여기게 하옵소서. 기다림의 시간들이 고통스러울지라도 주님의 말씀 안에서 자녀를 사랑하는 행위를 게을리 하지 아니하는 주님의 자녀가 될 수 있도록 인도하옵소서. 감사드리며 예수님의 이름으로 기도드립니다. 아멘.

> 잠언 13:24
> 매를 아끼는 자는 그의 자식을 미워함이라 자식을 사랑하는 자는 근실히 징계하느니라

자녀들을 화합시키지 못했던 죄를 용서하여 주옵소서

화평케 해 주시는 주님,

화평으로 인해 의의 열매를 약속해 주시니 감사드립니다. 저희 가족 모두가 의의 열매가 풍성이 맺을 것을 믿습니다.

사랑의 주님,

부모로서 부모답지 못한 채, 자녀들을 화합시키지 못하고 오히려 자녀들 사이를 이간질시켰던 죄악을 용서하여 주옵소서. 자녀들마다 각각 다를 뿐인데 그 차이를 인정하지 못하고 잘나고 똑똑한 자식만 세워 주었던 어리석음을 용서하여 주옵소서.

형과 누나와 동생의 사이의 질서를 무시하고 제 말을 무조건 잘 듣고 제 기대치를 저버리지 않는 자식만을 사랑했던 죄를 용서하여 주옵소서.

모든 것이 제 안에 있는 자식을 향한 이기심이었음을 고백하나이다. 무엇 하나 잘하지 못하여 제 속에 수치가 되었던 자식을 멸시했던 죄를 용서하여 주옵소서.

부모답게 자녀들을 분별 있게 양육하며 나아가는 지혜가 없었음을 고백합니다. 일평생 자녀를 사랑한다 하였지만, 자식을 통해 제 자신을 세우고 제 자신을 사랑하기에 급급하여 부모답지 못하고 미숙한 부모로 살았던 이 죄인을 용서하여 주옵소서.

사랑의 주님, 자복하고 하개하오니 저를 용서해 주시고, 저를 회복시켜 주시옵소서. 저의 자녀들을 회복시켜 주시옵소서. 너무나 늦었지만, 주님의 권능으로 기름 부어 주시고, 역사하여 주옵소서. 가족이 하나되어 의의 열매를 맺을 줄 믿사오며 예수님의 이름으로 기도드립니다. 아멘.

> **이사야 54:13**
> 네 모든 자녀는 여호와의 교훈을 받을 것이니 네 자녀에게는 큰 평안이 있을 것이며